ジンメル・つながりの哲学

菅野 仁 *Hitoshi Kanno*

NHK BOOKS
[968]

NHK出版【刊】

Printed in Japan

[挿画] 川村易 [協力] 早川弘三

◉

はじめに

なぜ社会について考える必要があるのか

私はこの本で、「社会学」という学問について、というよりはむしろ社会学を学ぶ私たちの姿勢について、ある種の〈視線の変更〉を試みたいと考えている。つまり社会学をめぐって、一つの新しい考え方のスタイルを提示したいのだ。

そうはいっても読者のなかには、「そもそも社会学っていったい何?」「学生のころ、一応単位取ったことあるけど全然覚えていない」といった方も多いだろう。

しかしこのごろは、ちょっと大きな本屋に行ってみると、社会学関連の本がわりと置かれているようだ。でも、いろいろ手にとってみても「これが社会学というものだ」と感じられる本にたどりつけることはまれなように思う。それはある意味で社会学の宿命かもしれない。というのは、私が学生だったころから社会学に対してよく聞かされた台詞が次のようなものだったからだ――「社会学者の数ほど社会学はある」。

とはいえ、そんな風に開き直られても困るというのが読者のみなさんの本音だろう。そこでまず、社会学というものの最大公約数的なイメージを考えてみることにしよう。

まず、「社会」の「学」、というくらいだから社会学は社会を対象とする学問だ。「社会」という概念からして、これが多様な意味をもっており説明がやっかいな言葉だが、おおざっぱにいえば、複数の人びとが共同で何かを行なったり、生活したりすることで結び付くあり方そのものを意味している。その社会を「科学する」のが社会学だ。したがって社会学は文学ではない、といわれる。個人の主観的な心情や思い込みを徹底的に排除した客観的認識に立った科学であるべきだからだ。

また、社会学は哲学ではないともいわれる。つまりたんなる頭でっかちの観念的な思弁や論理の積み重ねではない。現実の社会生活を客観的に記述するための概念を提供し、または統計資料や調査データをもとに社会を経験的に分析する「科学」であるというのだ。

さまざまな理論的・実証的展開をみせている現代の社会学ではあるが、それらの最大公約数的な理解を示せばだいたいいま述べたようなイメージになるだろう。

では従来の社会学の特徴とは何かという問題を、今度は社会学を学ぶ人間のタイプということでとらえ直してみよう。社会学が右に述べたようなものだとすると、それを学ぶ人間として一番適しているのは、とにかく、「社会についてあれこれ考えることが、もともと好きな人」ということになる。さらにこれは次の二つに分けることができる。

（1）社会に対して考えるべき問題を明確にもっており、解決すべき社会的問題をはっきり自覚できている人。

（2）社会についてあれこれ考えるのがとにかく好きで、概念を操り、モデルを構築したりすることそのものがむしょうに好きな人（いわゆる社会学オタクというか好事家《こうずか》タイプ）。

しかしこうしたいわば〈社会学適合型〉のタイプの人間だけが近づきやすいというのでは、せっかくの「社会学的知の旨味《うまみ》」を味わえる人間がごく一部に限られてしまう、ということになる。というのも、私はこれまで多くの学生たちや社会人の方々に社会学を教えてきたが、少しでも社会学に興味をもってくれる人たちは、右で述べた〈社会学適合型〉の人間では必ずしもなかった。彼らの多くは、社会を考えるということに全く関心がないわけではない。しかし自分にとって何かとても切実で解決したい社会的問題がはっきりとした輪郭《りんかく》を伴ってみえているわけではない。そして何よりも、自分の今後の生き方や身の回りに起こる出来事などの身近な問題に第一の関心があることが圧倒的に多かった。つまり自分とは何か、自分の問題を社会との関連において考えるにはどうしたらよいのかということに漠然とした関心をもっている――そういうタイプの若者たちであり職業をもった大人たちだった。

しかし社会学を教えはじめた二〇代半ばくらいから三〇代半ばくらいまで、そうした彼らにきちんと社会学の魅力を伝えることは私にはほとんどできなかった。その理由ははっきりしている。私自身が従来の社会学イメージにとらわれており、自分なりの新しい社会学のイメージを語ることができなかったからだ。つまりそれは、社会学とは、私自身の個別的で個性的な生活のあり様とは切り離されたところに存在する「社会」それ自身のメカニズムを客観的に分析する「科学」であるという考えにとらわれすぎていたからだ。

そうした考えから自由になるためには、実はより根本的な問いを立てる必要があるのだ。それは、そもそも社会について私たちが考える必要は、あるのだろうか？　もしあるとすれば、その根拠はどこに存在するのだろうか？　という問いだ。

この問いになるべくまっすぐなかたちで答えられるように、私はこの本を書いていきたい。そして〈社会を考える〉という行為が、だれにとっても身近なものとして、そしてだれにとってもその必要を感じとれるものとして納得できるような見取り図を描いてみたいと考えている。

まず自分からはじめて考えてみる

社会の問題を考えることが私の問題として活きるにはどういう道筋をたどったらよいのだろうか？　現代のトピカルで重要な社会問題らしいから取り組むとか、あるいはこのところ教育現場で導入されている「総合的な学習の時間」で、何か社会的テーマについて取り組まなければならないからとか、そういった外在的動機とはもっと違う、自分にとっての切実な問いとして社会的課題をとらえ直すことがあってもいいのではないかと私は思う。

もちろん外から課題を与えられて取り組んでいくことで知的刺激を受けて、自分と社会の関係について考え直すということもありえるだろう。しかしやはり一人ひとりの人間の具体的な生活（それがとりわけ時間的にゆとりのある学生生活から仕事や家庭をもった社会人になるにしたがって）において、持続的に問題とすることができることは何かと考えてみる。第一は、まず何よりも日常的で具体的な他者との関係や、自分が仕事や日常生活において関わる社会的制度や社会的ルールのあり方であったりするだろう。だからそうした一人ひとりの日常生活の現場において、まずは自分と他者、自分と社会はどのようにつながることができるのかという問題に対する〈原理的な問い〉をひとまず立ててみる必要があると私は考える。

「つながりの哲学」という視線

あくまで私という存在性にこだわり、自己中心性という人間のあり方を単純に否定することなく、「もっと社会のことを考えるべきだ」という外からの倫理的要請にやすやすと妥協しないかたちで、他者との関係や社会とのつながりについて考えるにはどうしたらよいのか？　ごくふつうの当たり前の感受性をもってまじめに生きようとする現代人であればだれもが直面する問題、「自分が幸せになりたい」「少しでも自分らしく生きたい」という個人の願いは、どのように「社会」や「他者」と関わっているのか？　あるいはそうした個人の願いと「社会」や「他者」は、どのようにつながるものとして理解したらよいのか？——こうした問題をめぐって、これから私は、約一〇〇年前のドイツに生きたジンメルという社会学草創期の思想家が残した理論の内容を読み解きほぐすことを通じて、一つの新しい考え方のスタイルを提示したいと思う。

だからこの本は、社会学の本であると同時に、基本的にはやはり哲学的性格をもつことになる。ちょうどこの本で中心的にとりあげる一九世紀末から二〇世紀初頭にかけて活躍したドイツの思想家ゲオルク・ジンメルが、社会学者であると同時に（あるいはその前に）哲学者であるのと同じように。

本書の題名が『つながりの哲学』となっているのはこのような理由による。社会学を学ぶ私たちの姿勢に対する〈視線の変更〉を試みるということは、社会学の根拠を探るという、ある意味で哲学的な試みにほかならないと考えられるからなのだ。

目次

はじめに――――――3
なぜ社会について考える必要があるのか　まず自分からはじめて考えてみる　「つながりの哲学」という視線

序章　私の社会学体験――ジンメルとの出会い――――――13
「ほんとうの勉強」探し　社会学への関心は不純な動機だった　「私」にとって切実なこと　ジンメルとの出会い　自分と社会をつなぐ「橋と扉」〈私から社会〉を考えるための社会学

第一章　「ジンメル」とはだれか?――相互作用論的社会観の特徴――――――25
ジンメルの生まれた時代　「生の哲学」者として　「形式社会学」とは何か　社会関係形成の「内容」と「形式」　ジンメルのキー概念〈相互作用論的社会観〉　社会が成立する限界の状態とは　人間関係の営まれる生成のプロセスとしての社会

第二章　社会をどこから見るか――――――37
社会をとらえる〈まなざし〉

第一節　俯瞰する視点と当事者の視点　39
どこから見るのか　ジンメルの視点はどこにあるのか　「社会」に対して私たちの抱くイメージ　俯瞰する視点のもつ意味　当事者の視点=相互作用論的社会観

第二節　大衆が現われて社会学が必要になった　49
ヴェーバーの懐疑　「絶対的真理」はあるのか　社会の前提としての大衆の成立　無数の名も

なき人びとの営みの積み重ね　私たち自身により社会は営まれる

第三章　社会学は何を問題としてきたのか？――63

第一節　近代社会と社会学はどう成立したか　63
ヨーロッパ近代のなかで　竹田青嗣の「ルール社会観」　社会学はなぜ必要となったのか　デュルケームの客観的学問としての社会学観　ヴェーバー・社会は「鉄の外枠」

第二節　社会と個人のせめぎ合いは克服できるのか　74
「社会」が個人に要求する役割　社会の求めるものと個人の欲求の葛藤　「社会と個人の矛盾」は近代に固有のものか　自由・平等社会が実現されないことへの違和感　社会は動かしえないものではない！　近代批判の限界

第四章　社会の成り立ちと「ほんとうの私」との関係――87

第一節　現代人にとっての「ほんとうの私」　87
自分の居場所はどこにあるのか　自分をほんとうにわかってくれる人はいるか　「ほんとうの私」をどのように理解すればよいか

第二節　他者とつながるための「三つの条件」　94
他者をすべて理解できるわけではない　「一般的カテゴリー」というとらえ方　人格の固有性断片からある全体性を彼（女）のうちに見い出す　社会を可能にする第二の条件―人間の存在の二重性　複数の社会的役割を担った存在　看護の現場における社会的側面と社会外的側面の緊張関係　どういうときにほんとうに自由なのか　「社会」と個人の「生」のねじれ　個人の唯一性をどこまで受け入れられるか　ジンメル自身の考え方の変容　「完全な社会」　自由の可

能性と役割期待の束　社会の求めるものと「ほんとうの私」のバランス

第五章　「秘密」とは、コミュニケーションを拒否した態度か？
——他者との「距離」をどうとるのか——125
自分にとって大事な、意味のある「世界」　〈ほんとう〉への希求—あるエピソードから　「他者」との距離をどのようにとればいいのか　「距離」がゼロであること—人間関係形成の不可能な地点　「他者を知る」手だては何か　期待されたイメージへのささやかな抵抗　「虚言（嘘）」のもつマイナスとプラスの働き　いずれにせよ「伝えきれない世界」が残る　不確かさを前提とした人間関係の距離　「知人関係」という距離のとり方　〈つい伝わってしまう〉こと　「親密な関係」における秘密の役割　「分化」の進んだ時代における友人関係　親密な夫婦関係がはらむ危機　あますところなく溶けあいたいという欲望　「秘密」は人間関係に奥行きをもたらす

第六章　「闘争」がダイナミックな人間関係を作る——155
「平等」概念をキーに考えてみる　「自由」と「平等」は両立するか　個人的な体験から—「能力」の圧倒的差異　「挫折」のシミュレーション　「平等」は絶対的な理想状態か　闘争・競争をめぐる理念と現実とのギャップ　「闘争」の積極的な意味　ダンテの楽園と現実の社会　闘争は社会関係形成の力をもつ　目的としての闘争と手段としての闘争　闘争が引き起こされる〈条件〉　「ゲームのエロス」と闘争　人間相互作用のダイナミズムを実現する形式　『社会分化論』とパーソナリティの「分化」　競争が社会集団を活性化する　分化した意識をもてない闘争　近親憎悪と宗教対立—相手の全人格否定　「嫉妬」の感情—相手そのものに対する敵対性　現実の競争の問題点—ルール設定の確立　リアリズムの立場に立つ闘争論

第七章　貨幣の〈現象学〉——〈私から社会へ〉つながるメディアとして——189
あらためて貨幣とは何か考えてみる　私たちは貨幣をとおして社会とつながっている　「経済

学」的な貨幣の考え方　ジンメルの貨幣論　ポケットのなかの潜勢力　メディアとしての貨幣　貨幣がもたらした自由　現代の大都市人の大きな自由　他者への「依存」「自由」との関連　貨幣の「闇」の部分　「吝嗇」と「守銭欲」　浪費という〈過剰〉　「近代的キニク主義」と「倦怠」　〈欲望の深度〉を浅くする　貨幣による距離感覚

第八章　ハイ・モダニティとしての現代
——人間関係の相互性を時代とともに考える——215
私たちはどんな時代を生きているのか　モダンの成立と関係性の変容　モダン文化論の基本的構図——「主体の文化」と「客体の文化」　客体の文化の複雑性を解きほぐす　分化の原理とは異なる人間的価値への感覚　〈制度性〉と〈親密性〉の二元性　「社交」——関係そのものを楽しむ関係　「距離」感覚の繊細さ　ハイ・モダニティとしての現代

終　章　〈私から社会へ〉のルート探し——〈根性なしの社会学〉からの出発——235
「課題」としての〈私から社会へ〉　忘れられぬ言葉——〈根性なしの社会学〉　他人との関係に傷つきやすい現代人　他者との距離感覚の失調　居場所を確保し心地よい〈つながり〉を作れるか　〈幸福のデザイン能力〉とつながりの哲学　自分の弱さの受容　〈つながり〉を作るための三つの原則

謝　辞　250

引用・参考文献　252

序章　私の社会学体験――ジンメルとの出会い

ジンメルについての紹介は、ちょっと後まわしにするとして（次章参照）、まず最初に私と社会学との出会いから述べてみたいと思う。

というのは、「社会」を、私個人から切り離されて存在する外在的事物としてとらえるのではなく、「私個人」の視点から社会へと〈まなざし〉を広げていくというこの本の中心的テーマにとっては、この私自身の体験は格好の素材を提供するはずだからだ。

つまり私の社会学体験は、「社会学っていったい何をする学問？」という、社会学にいつも突きつけられる根源的な疑問に対して、一つの答えを探し出そうとしたプロセスであると考えられるのだ（この本の各章で、ジンメルの理論の内容を追いながらも、折に触れて私自身の体験や友人・学生とのコミュニケーションにもとづくエピソードをちりばめているのも、右のような理由からである）。

「ほんとうの勉強」探し

私が大学へ入学したのは、一九八〇年だ。いまから振り返ると、当時は世の中がバブル経済の時代へと向かう時期であり、日本は高度消費社会としての爛熟《らんじゅく》期を迎えようとしていた。しかし私が入学した仙台の国立大学は、それほどきらびやかなキャンパスの雰囲気を醸《かも》し出していたわけではない。それでも、むさくるしい男子高校から入学した私にとって、大学のキャンパスはとても花やいだお祭りが催されている場のようにみえた。そして当時学生たちは、いま以上に遊ぶことに熱心だったような気がする。

一年の浪人生活の後に私はようやく大学に入学できたのだが、大学のキャンパスに立つことができた私は、何とも表現できない複雑な気分だった。もちろん大学に合格し入学できたことはとてもうれしい。しかし、手放しで嬉しがってばかりいられない心境でもあった。

そのころの私はけっこう「まじめ」志向タイプの学生だったと思う。受験から解放されたのだから「さあ遊ぶぞ」といったノリにはとてもなれなかった。むしろ受験勉強から解放されたのだから、「これから大学でほんとうの勉強をするんだ」といった意気込みを感じていたように思う。しかし「ほんとうの勉強」といっても、具体的な学問体系とかそういうところまではイメージがふくらんでいるはずもなく、「ほんとうの生活」とか「ほんとうの私」とか、いまの言葉でいえば「私探し」のような気分で心のなかがいっぱいだったように思う。

大学に入学したばかりの私にとっては、そもそも「ほんとうの勉強」とはいったい何なのかも、あるいは自分がそもそも大学で何をしたいのかすらよくわからないというのが正直なところだった。

また高校三年のとき体験した手痛い失恋の傷が一年以上たってもまだ癒《いや》されておらず、恋愛はもちろん、サークル活動といったかたちで、人とのつながりに自分を開く気にもあまりなれず、妙に肩に力が入った状態が続いていたように思う。とりわけこの失恋の体験は、「自分の思いがどんなに深くても、どんなに誠実でまじめであっても自分だけの力ではかなえられない、どうしようもないことが世の中にはある」ということを直観させてくれる苦い経験だった（でもいま振り返ると、自分にとってのほんとうという感覚を体感できたたぐいまれな経験だったように思う）。また、現役での受験の失敗でも似たような気分を味わうことになった。失恋と受験の失敗は、自分が最もつながりたいと感じていた異性としての「身近な他者」と、（受験）制度という「見知らぬ他者」との両方から、いっぺんに×（バッテン）をつけられた気分に私を陥らせた。

いま振り返れば、「なんて甘っちょろい悩みだったんだ」と自分を突き放してみることもできるが、当時の私にとってはそれは切実な感覚だった。文学が好きだったのでとりあえず文学部には入ったものの、大学一年の春は、自分がほんとうは何がしたい人間なのか、この先どうやって自分を立て直していったらよいのかという具体的な方向性がよくわからずに、気ばかり焦っていたというのが実際のところだった。

社会学への関心は不純な動機だった

文学部に入ってはみたものの文学専攻には進まず、私は社会学専攻へ進むことを漠然と考えたわけだが、いまから思えば、それには二つの理由——それもとても褒《ほ》められたものではない——があったように思う。一つは自分の失恋や大学受験の失敗を「文学的自閉」のせいにしたかったということ。つまり「文学オタク」から脱却すれば、それまでの自分とは違う新しい自分に出会えるのではないか、と漠然《ばくぜん》と思ったことである。文学部に入りながらも「文学をそのままやれば高校までのネクラな自分から脱却できない」というようなことを考えていたように思う。二つ目の理由としては、「大学に入ってほんとうの勉強をするんだ」と意気込んだまではいいが、自分が何をしたいのかがよくわからず、その結果、自分一身のことより天下国家や社会全体のことを考えることがほんとうの勉強なのではないか、といった気負いに導かれたということである。

だから社会学上の問題やもっと具体的な「社会問題」について何か解きたいという切実な課題があるわけでもなく、考えたい問題が具体的にはっきりしているわけでもなく、ただやみくもに「私は社会問題や社会（科）学を勉強するんだ、そうするべきなんだ」と自分にいい聞かせていたように思う。つまり自分の優位性やほかの同級生たちとは違った知的関心をもった一味違う学生なんだ、ということを確認したかったというところがほんとうのところだったようだ。

そのためには、我が身一身のことに関わるのではなく、もっと大きな社会全体や国家全体のことを考えるような知的態度を身につける姿勢が必要だという勝手な思い込みが、当時の私を「社会学的世界」に近づけさせた。

しかし、そうした肩ひじはった姿勢にはすぐ無理がくる。当時の社会学研究室では、大学院生がコーディネーターとなって一年生から大学院生まで参加して運営されていた「社会学ゼミ（通称『社ゼミ』）」という自主ゼミがあって、私は一年の春から社会学を志望する同級生数人と参加していた。最初のうちは、はりきって「レジュメ」などを積極的に担当していたのだが、そもそも「社会」に関する明確で深い関心に導かれているわけでもなく、いいようもない疲れをしだいに感じるようになった。

「私」にとって切実なこと

そして大学に入学してちょうど一年が過ぎたころのことだった。私は、自分が社会学的関心（というか社会学的心性）をもった人間とはほど遠いということをはっきり自覚した。つまり社会構造とか社会システム全体の問題や世界各地に起こっているさまざまな具体的な社会問題などについてきちんと考えることを、自分の精神活動の中心にすることが心から楽しいという人間ではない、ということに気づいたのだ。やはり私はトコトン自己中心的であり、自分がこれから何をすればよいのか、どんなことを楽しいと感じたり心地よいと感じたり、あるいは許せないと感じたりするのかといったことが、生きる関心の中心になっている人間なんだということを突然はっきりと自覚してしまったのだ。つまり、自分が好きな音楽を聞いたり小説を読んだり、好きになった女の子とどうやったらつきあえるのかを考えたりすることの方がずっと大切で切実な問題だったということだ。

こうした自分がどうしようもなく自己中心的で享楽《きょうらく》的な人間であるという自覚は、当時の私をひどく落ち込ませた。人間は、それも知的人間は、我が身一身のことを越えてもっと広い天下国家のことを考えるはずだ、いやそうするべきだという強い思い込みによって自分自身を縛っていたからだ（そしてそうした思い込みからほんとうに私が解放されるにはかなりの年月を必要とした。三〇歳を過ぎるころまで、私は自分が社会学徒を志しながら、ほんとうは社会のことなんてどうだっていいと考えているダメな奴なんじゃないか、という強迫的な自己処罰の感覚に囚われていた)。

とにかく自分はどうしようもなく非社会学的な人間だと気づき、私は一時社会学専攻以外への転専攻を真剣に考えた。しかし制度的な問題もあって転専攻もかなわず、私はほんとうに袋小路に追いつめられたような気分に陥っていた。

ジンメルとの出会い

そんなとき偶然手にとることになるのが、ゲオルク・ジンメルのテキストだった。授業などを通じて、ジンメルというのは、マックス・ヴェーバーやエミール・デュルケームそしてカール・マルクスなどとならんで、社会学における古典的学者としてそれなりの評価を受けているらしいということは聞いていた。そして教養課程の「社会学」の授業のレポートを書くために図書館で本を探していたときに、一二巻ならんでいた『ジンメル著作集』がふと目にとまった。そしてパラパラと各巻の表題や内容の目次をみたときに何ともいえない期待感が膨らんでいった。

『文化の哲学』『橋と扉』『断想』『芸術の哲学』といった各巻の表題、あるいは「把手《とって》」「廃墟」「コケットリー（媚態《びたい》）」「俳優と現実」「社会学的美学」といった各論文の表題――「これは!」と私は思った。そのときの実感をうまく言葉にすることはできないが、あえて表現しようとすれば「社会学なのに社会学でない」とでもいったらよいだろうか。

実は、ジンメルは、社会学の創始者の一人であると同時に「生の哲学者」としても著名であった。

「生の哲学」とは、ヘーゲルによって大成される一九世紀半ばまでの合理主義、主知主義（概念と論理をきちんと積み重ねていけば、世界や人間に対する真の認識に到達できるといった考え方）の哲学に対抗し生まれた、一九世紀の末から二〇世紀の前半の哲学の一大潮流である。キー概念は「体験としての生」であり、人間の生き生きとした生命活動を直観的、直接的にとらえようとする立場をとる。ディルタイ、ショーペンハウアー、ベルクソンなどが有名である。そしてジンメルもまた生の哲学者として著名だったのだ。そして私がそのとき手にとった白水社刊の『ジンメル著作集』には、生の哲学者としての彼の著作が主に収められており、社会学的著作はほとんど入っていなかった。しかし当時、私はそうした事情にまったく無知であり、だから「社会学も捨てたものでもない」という希望をがぜんもつようになった。

自分と社会をつなぐ「橋と扉」

何が私をそんなに魅きつけたのか？　当時の私だったらおそらくジンメルがもっている非社会学的な側面とでも応えるしかなかっただろうが、いまならもう少しまともに言葉にすることができるような気がする。

たとえば、ジンメルには有名な「橋と扉」というエッセイがある。たしかこれを次のような感じで私は読み取っていたような気がする。

《生命存在としての人間は、自然や他者と「つながりたい」という欲望をもった存在である。しかしその「つながりたい」という欲望を成り立たせるためには、実は自分は自然や他者とは

「切り離されている」という実存感覚がなければならない。事物がつながりをもつためには、まずもって隔てられなければならない。人間は「孤独」を感じるからこそほかの人間と何とか「つながりたい」と考える。また逆に「つながりたい」と思い期待するからこそ「孤独」を感じざるを得ない存在である……。

「橋と扉」における「橋」とは、人間が〈いま・ここ〉の場所を越えてほかの空間や人びとと〈つながりたい〉という欲望を最も素直に表現している〈媒体《メディア》〉だ。しかも、そうした人間の心性が橋のデザインや装飾にていねいに表現されたとき、橋はたんなる「実用的な目的」を越えて「美的評価の対象」に昇華される。

一方「扉」はもっと複雑な性格をもつ。人間は「小屋」を建て、そこに扉をつけることによって「内」と「外」の区別をもつ。しかし扉は内と外の絶対的遮断を意味しない。それは「壁」ではないのだ。しかも扉の本質は内から外そして外から内へという双方向の自由な往来にあるのではない。内から外への方向性、これこそが扉というものの本質を表現している。つまり、いったん小屋を作って（つまり壁を作って）内と外を区別し自分の空間を確保した人間が、おそるおそる外的世界へと一歩踏み出すための外界へ開かれる可能性のある境界、これが「扉」なのだ。……》

当時、こんな感じで私はジンメルのいいたいことを理解しようとしていたように思う。私は自分と社会とをつなぐ「扉」を探していたのだ。どんなに自分が自己中心的で、自分の自己実現や生の充実を求めようとしていたからといって、そこに他者からの「承認」や他者との「交流」という契機がなければ、それはしょせんむなしい一人遊びに終わってしまう。しかし、当時私は「社会」、そして「社会学」というものをかなり狭苦しくとらえていた結果、社会と自分とを結び付ける「橋」も「扉」も見つけ出すことができず、しかもそうした「橋と扉」を自分が切実に求めているということすらよくわからずに、途方にくれていた。

つまり当時の私が感覚的にとらえていた「社会」とは、私の個性やかけがえのない生としての私自身の固有な体験を圧倒的な力で脅かし、自分の全く外部に存在する「鉄の外枠」（マックス・ヴェーバーの表現）のようなものだったわけだ。同様に「他者」もまた、自分を支えてくれる共に生きる存在というよりは、自分の生を脅かし、否定するそのような〈まなざし〉として感覚されていた。そしてこの私の外部に存在し、私の「生」を日々脅やかしているはずの社会を、私自身の問題とは関わることなしに客観的にとらえ、「構造」や「システム」といった言葉で表わされる社会それ自体のメカニズムを、科学的に分析することが社会学的態度だと思っていたわけだ。つまり自分が生きづらかったり、自分らしさを発揮できないことを「こんな社会が悪いんだ」というかたちで社会のせいにしながらも、自分と社会がどのように関わっているのかということをていねいにみようとはせず、自分の生とはできる限り切り離したところで社会のメカニズムをとらえることが学問的態度であると思っていたのだ（だから先にみたように、一時社会学に見切りをつけようとしたのだ）。

「社会」や「社会学」に対するこうした直観的理解は、いま考えると、全くの誤りとはいえないまでも、やはりかなり偏《かたよ》った見方だといえる。しかし、当時の私は、自分にとってかけがえのない内面的、精神的なほんとうの問題は文学的な課題であり、社会学はそうした問題には触れないかたちで、諸個人間の関係の問題、集団のメカニズムや社会全体の構造的問題などを「客観的」「科学的」に分析する学問だと自分で決めつけ、「そんな態度はとても自分にはとれない」と勝手に絶望していたのだ。

社会学に対するそんなかたくなな理解が、ジンメルを読むことによって少しずつ解きほぐされていった。しかし、それはほんとうに少しずつの過程であった。たとえば、次のような観念から私がほんとうに自由になれたなと実感できたのは、三〇歳もかなり過ぎたころだった。

《なんだかんだいってほとんどの人間は、自分自身の自己実現や欲望を満足させることを一番に考えている。他人や社会全体のことなんか実はどうでもいいと思っているエゴイストだ。そうした自己中心的な考え方は、私だけに限らず現代人一般を覆いつくす心性だが、現代社会の問題の源泉はすべてこの人間の「自己中心性」にある。人間の自己中心性は、克服されるべき心的態度であり、自分だけの幸福や利害の追求を求めるのではなく、みんなもっとほかの人間のこと、社会全体のことを優先すべきなのだ。現代を覆いつくす自己中心的心性は、根本的に乗り越えられなければならない。》

いまの私は、こうした考え方について、それがほんとうに生真面目に追求されればされるほど帯びてくる抑圧的な危険性について敏感になり、全く共感を寄せることはできない（私の一まわり上のいわゆる「全共闘世代」にとって、このような観念にとらわれた人間が陥った異常な事態として記憶される問題が、一九七二年の「連合赤軍事件」であろうし、また一九九〇年代の日本を震撼《しんかん》させた「オウム真理教」（現「アーレフ」）による一連の事件の担い手たちにも、こうした「真面目さ」が極限化されたときの恐ろしさが垣間みられる）。

もちろん、エゴイズムの問題は現代社会に生きる私たちがきちんと考え直してみなければならない問題であるということを認めないということではない。しかしそれは、「自分より他者や社会を優先させるべきである」という思想のかたちでは決してクリアできる問題ではないと私は思う。むしろ現代に生きる私たちがもっと自分の生の充実や生の享受を貪欲《どんよく》に模索すること、つまり自分や自分の周りの人間にとっての幸せや豊かさとは何かということの意味やその内容を徹底的に吟味《ぎんみ》し、追求するような欲望が成熟するなかにこそ、他者や社会に対する問題性が「自分の問題」としてはじめてリアルなかたちで立ち上がってくる可能性があるのではないか——いまの私は、このような考え方に強く傾いている。

〈私から社会〉を考えるための社会学

さて、話が少し先走ったようだ。

ようするに私は、ジンメルの思想を核に社会学を学びながら、「社会」や「他者」と自分をつなぐことのできる「橋と扉」を求めていたということだ。

本章の冒頭でも指摘したが、いままで述べてきたことは、とても個人的な社会学との出会い、あるいは社会学に対する考え方であるかもしれない。けれど具体的なかたちは違っていたとしても、私が社会学を学びながら抱え込んでしまった悩みの本質は、少なくない人たちによって共有されうる経験ではないかと私は思っている。

自分とはいったい何者なのか？　一回限りの人生のなかで自分はどのようなかたちで能力や個性を発揮できるのだろうか？　いわゆる個人の「生」の問題はこのようなかたちを取る場合が多いが、しかし、他者や社会を全く視野の外においた自己実現なんてやはり考えられない。だとしたら、他者や社会は自分とどう関わるものとして考えるべきなのか。そうしたこだわりが、逆にいつのまにか周りの他者や社会との関係の取り方をぎこちないものにし、自分自身の社会的ポジションがつかめなくなってしまう――そういう体験のある大人の人たち、あるいはそういう体験のまっただなかにいる若い人たちに向かって私はこの本を書いている。

〈私から社会〉へとつながる道を探すことの大切さと、その考え方の筋道の一つを私はいまようやく自分なりのかたちで表現できるような気がしている。その導きの糸となるのが、私が二〇歳前後のころから内的対話を続けているジンメルという一人の哲学者・社会学者なのである。

第一章　「ジンメル」とはだれか?——相互作用論的社会観の特徴

ジンメルの生まれた時代

さて、そろそろゲオルク・ジンメルという、この本で中心に扱う哲学者にして社会学者の紹介をしておかなくてはならない。大学で社会学を少しでも学んだことのある人なら、ジンメルという名前は一回くらいは聞いたことがあるはずだ。しかしその理論や思想の内容は、ほかの同時代の著名な社会学者(マックス・ヴェーバーやエミール・デュルケーム)ほどに広く知られているとはいえない。そして社会学を学んだことがない人だったら、ジンメルという名前はまず聞いたことがないだろう。メジャーなようでマイナー、社会学畑では重要視されているようで、実はけっこう忘れられた存在でもある——ジンメルという思想家はかなり微妙なポジションを社会学史の上では占めているといえるようだ。

ジンメルは、一八五八年にドイツ(当時はまだドイツは統一されていないので、正確には「プロイセン王国」）の首都「ベルリン」に生まれた。父も母もユダヤ人であった。亡くなったのは、一九一八年。ちょうどドイツの敗戦によって第一次世界大戦が終わった年だ（だから幸いにして、彼は第二次世界大戦もファシズムも知ることはなかった）。そして、彼がユダヤ人であることは、彼の思想や大学での処遇などに大きな影響を与えることになる。

思想の面においては、ユダヤ人としてのジンメルの特質は、彼の思想の核をつくっている「周縁性（マージナリティ）」として表現されているといわれる。いますぐ思いつく彼のエッセイや論文のタイトルを挙げてみよう。「橋と扉」「把手」「額縁」「よそ者」「秘密」等々。そのどれもが哲学的素材としても社会学的対象としてもほかの学者ならほとんど取り上げないようなものばかりだ。つまりジンメルが注目するテーマは、多くの人が見落としがちな周縁的性格を帯びたものであることが常であり、決してメジャーなポジションを占めることがないようなものが多い。些細《ささい》なもの、周縁的なものにあえて着目することによって、そこから人間や社会の本質について考えを展開するというのが、ジンメルの得意としていた思考の方法なのだ。また、社会的処遇の面においては、「全くのユダヤ人でありかつ無神論的相対主義者である」というレッテルを張られた結果、彼は約三〇年間ベルリン大学の私講師、員外教授という不遇な地位に置かれることになる。

当時のベルリンは、急速な近代化、大都市化を迎える時期にさしかかっていた。とりわけ一八七一年にプロイセンを中心にドイツ帝国が成立し、ベルリンは「帝都」としてますます発展をみせる。市電が通り（一八八一年）、地下鉄も開通し（一九〇二年）、人口も約九六万人（一八七五年）から一気に二〇七万人（一九一〇年）にまで膨張した。ジンメルの生家近くの「ライプチッヒ通り」にはすでにホテルや百貨店が立ちならんでいた。やがて「黄金の二〇年代」を迎えようとするベルリンは、ヨーロッパ各地から人びとや文化が集積する「世界都市」としての性格を強めていく。

ジンメルはベルリンをこよなく愛した。一九一四年彼が五六歳のとき、経済的な理由からやむをえずシュトラースブルク大学の正教授となりベルリンを離れるまで、彼はその生涯の大半をベルリンで過ごす。

「生の哲学」者として

ジンメルの知的活動の範囲は本当に多岐にわたる。認識論、道徳哲学、歴史哲学、美学、宗教論、社会心理学、そして社会学などが彼の知的フィールドとして認知されている。とりわけ社会学に関連する主要著作を挙げなさいといわれれば、まず彼が三二歳のときに書いた出世作の『社会分化論』（一八九〇年）、そしてちょうど一九〇〇年（四二歳）に出版された大著『貨幣の哲学』、さらに「形式社会学」という彼の社会学的方法の集大成である『社会学』（一九〇八年）、そして彼が亡くなる一年前に出版された珠玉の小品『社会学の根本問題』（一九一七年）を挙げることができるだろう。

しかしジンメルは社会学者としてのみならず「生の哲学」者としても有名だ。「生の哲学」とは「序章」でも触れたように、当時ヨーロッパで強い影響力をもった哲学の一派の総称である。理性の力で人間生活のすべてを説明しつくそうとする合理主義・主知主義的近代哲学に対抗し、「直接的で体験的な生」を基礎として人間をとらえようとする立場だ。

たとえば生の哲学者としては最も高名な哲学者であるヴィルヘルム・ディルタイは次のように考

える。

《歴史や社会の科学としての「精神科学」(ディルタイの用語で、現在の「社会科学」とほぼ同義)は、自然科学とは異なる発想をとらなければならない。つまり対象を人間の生から全く切り離された外的事物とみなし、自分たちの生の営みからはいったん分離して分析する自然科学的手法とははっきりと異なる立場に立たなければならない。つまり精神科学においては、歴史や社会を生の過程そのものが客観化・外化してできた形象として位置づけ、そしてその構造の連関の内実を「生の体験の内側から」理解し、「解釈」する方法を模索しなければならない。》

ディルタイはこのように主張し、ジンメルもまたディルタイのこうした考えに近い発想をとった。しかし哲学者としてのジンメルの位置はやはり、マージナル(周縁的)だ。その理由を確定することはなかなか難しいが、一つの要因としては、扱う素材の瑣末《さまつ》さやその範囲の広さなどから、認識論的には相対主義者であり、かつ非体系的なエッセイストというイメージが長い間に定着したことが指摘できるだろう。また考え方が重なりながらも、生の哲学の大御所のディルタイ(彼は「ディルタイ学派」と呼ばれる一派を形成するほど当時の哲学・文芸学に強い影響力をもった)と個人的に不和だったことも微妙に影響を与えているのかもしれない。

ジンメルの名が古典としての位置を占めているのは、やはり社会学の分野なのだ。一九世紀の中ごろオーギュスト・コントによって「社会学」という呼称が最初に使われ出すのだが、その内容を巡ってはいろいろな考え方が錯綜《さくそう》していた。社会学がなぜ成立する必要があったのかについては、この本の第三章で詳しく検討するが、一般大衆がその担い手であるとようやく自覚されてきた「社会」に対する関心が当時急速に進むなかで、「社会学」という呼称にもしだいに関心が集まるようになったと考えられる。しかし、この段階ではいったい何が社会学の独自性なのかということがはっきりしなかったのである。それまですでにある歴史学、経済学、法学、心理学、倫理学などとどう違うのかをはっきりさせない限り、社会学は社会に関する学として、これら社会諸科学の総称にすぎないことになる――ジンメルはこのように述べる。彼のいい方によれば、「一壺」社会学――つまり社会に関するいろいろな個別的な学問の総称としての社会学という「ラベル」が貼られ、一つの壺のなかに投げ込まれているような状態――では社会学の独自な性格が見失われてしまう。せっかくの「社会学」という新しい考え方を生かしきるには、もっと別の発想を取る必要がある、とジンメルは考えたのだ。

「形式社会学」とは何か

そして彼が提案するアイデアが「形式社会学」というものだ。「社会関係形成（Vergesell-schaftung)」の「内容」ではなく、その「形式」に着目し考察することを社会学の採るべき第一の方法とするというのが、彼のアイデアの骨子である。

さて、このことは少していねいな説明が必要だろう。

まず「社会関係形成」*というキー概念について。これは人びとがお互いに影響を与え合いながら関係を形成することによって社会が作り上げられている状態を意味する（後に詳しくみるようにこの「社会関係形成」という考え方は、ジンメル社会学のキー概念である「相互作用」とほとんど同義語である)。

＊ジンメル社会学の根幹を形作るこの「社会を為す(Ver-gesellschaft-ung)」というドイツ語の訳語としては、これまで長い間、「社会化」が定訳とされてきた。しかし、私はこの語に「社会関係形成」という訳語を当てたいと考えている。なぜなら「社会化」という表現では、Ver-gesellschaft-ungという語が帯びる動態的語感を表現しきれないからだ。たんなる「社会(Gesellschaft)」ではなく、社会が作られている〈現場〉という感覚を「化」という語だけで表現しようとするのは無理があると思われる。あらためて確認しておきたいのだが、Vergesellschaftungの Ver~ung は動態を表わす接頭語、接尾語であり、Gesellschaft が「社会」を意味する。つまり「社会」という静態的な状態でなく、「社会関係形成」という動態的状態を、ジンメルは自らの社会学のキー概念として置いているのだ。

社会関係形成の「内容」と「形式」

社会に関するこれまでの学問はすべてその「内容」を基準に区別されてきた、とジンメルはいう(経済をあつかう経済学、歴史を考える歴史学、宗教に焦点を当てる宗教学、人間の心理に着目する心理学等々)。しかしこうした区別によって、見失われてしまう事実がある。それは、こうしたいろいろな分野の前提には、すべて人間と人間との関係の基本である「社会関係形成の過程」そのものがあるということだ。だからこそまず何よりも、こうした「社会関係形成」というものに対する着目が必要になる、とジンメルは考える。そして、個別学問ごとに分断された理解を越えて社会関係形成を考えるためには、社会関係形成の「内容」と「形式」をいったん分離し、「形式」そのものに着目してみる、という方法が必要になるというのである。このことを「競争」の例を用いて説明してみよう。

競争という現象は、政治の場面でも経済の場面でも宗教や芸術の歴史でも無数にみられ、こうした現場の「内容」の違いによってその性格はたしかに変わる。しかしそもそも人間にとって競争とはいったいどういう意味をもつのだろうか。経済、政治、宗教、芸術といった個別的内容ごとにバラバラに考えるのではなく、人間にとっての競争そのものがもつ意味（このことをジンメルは「純粋形式」という）を考えてみよう、「競争は人間の行動の純粋形式としていったい何を意味するのか」（傍点引用者）といった問いを立ててみようとジンメルは考えたのだ。つまり人間関係にとって競争がもつ本質的な意味を考える際に、それぞれの個別的内容からいったん切り離して競争の「純粋形式」を考察するという手法が有効なのではないか。それが、競争を「社会関係形成の形式」として考察するという方法であり、こうした方法をジンメルは社会学の独自な方法として彫琢《ちょうたく》しようとした。つまり人間の社会的関係においてみられる「純粋形式」（たとえば競争のほかにも「分業」「上下関係」「党派の形成」「秘密の保持」などさまざまな「社会関係形成の形式」が考えられる）を、個別的で具体的な現実の「内容」からいったん切り離して抽出《ちゅうしゅつ》してくる。そして社会関係の重要な構成要素であるこれらの「社会関係形成の形式」を充分に吟味することをとおして、「無限に錯綜している」私たちの「社会的な生活」を少しでもクリアにとらえ直すための視点を鍛える――これが、ジンメルが「形式社会学」を提唱した意図であると私は理解している。

ジンメルのキー概念〈相互作用論的社会観〉

さて、ここで「社会関係形成」というジンメルの社会把握の特徴を、よりきちんと理解することが必要になるだろう。このキー概念は、ジンメル自身が使うもっとわかりやすい言葉、「相互作用」という語に置き換えて理解することができる。だから私は、ジンメルの社会学の特徴の最も適切な表現として、〈相互作用論的社会観〉といういい方を採りたいと思う。

ジンメルは「相互作用」という概念を自分の社会観の中心に据える。相互作用とは、二つ（あるいはそれ以上の）要素が、互いに影響を与え合いながら関係し存在している状態を意味する。社会学の対象となるのは、当然人と人との間の関係としての相互作用、つまり「社会的相互作用」である。またお互いが関係することによって心のあり方が当然影響を与え合うわけだが、そうした側面に焦点が当てられたときは、とくに「心的相互作用」という表現がとられる。ジンメルがいう相互作用とは、人と人とがまなざしや身振り、会話などをとおして互いに関係をもつことであり、それが社会の基本的要素であるという発想に彼は立つのである。

現代の私たちになじみ深い表現をとれば、「コミュニケーション過程」といってもさしあたり間違いではないだろう。「なあーんだ、そんな当たり前のことか」と思われる人も多いかもしれないが、それはジンメルが生きた時代から一〇〇年たったいまだからこそもてる感覚なのだ。社会というものを考える際に、コミュニケーションとか人間関係に焦点を当ててみるという方法はそんなに古くからあるものではない。むしろこうした方法的態度が取れるのは、ジンメルのおかげといっても過言ではないと私は考えている。というのは、当時の社会学は人と人との間の微妙で繊細な関係などには目をくれず、国家や組織、団体といった大きなかたまりとしての社会にしか研究の目がいっていなかった。ジンメルが、はじめてそうした大きな組織や集団を実体として取り上げるのではなく、それらを成り立たせている相互作用の過程にまで降り立って考えようというアイデアを提出したのである（そしてこの考え方は、その後一九二〇年代以降アメリカでさかんになる「小集団研究」などに活かされ、後にゴッフマンなどに代表されるミクロ社会学研究の優れた業績の礎《いしずえ》を築いたのだ）。

社会が成立する限界の状態とは

ジンメルにとって社会とは、まず何よりも社会関係が形成されるプロセスそのもの、つまり「心的相互作用」のプロセスそのものとして理解される。物体と物体の衝突といった物理的な相互作用とは異なって、相互作用することによって何らかの思いや意味を感じる「心」をもった人間どうしの振る舞いが、相互的につながっていることが、社会という語の最も核となるイメージなのだ。つまりそれは、〈いま・ここ〉において常にくりひろげられている「関係の網の目」そのものである。つまり「人間の間の微細な関係、つまりしなやかな糸」のようなものとしてそれはイメージされる。社会とはすでにできあがってしまった同じ運動を繰り返す永久機関のようなものではない。社会は日々刻々と生起する「出来事」のネットワークとして理解される。

たとえば、「二人の人間がチラッと顔を見合わせたり、切符売場で押し合ったりしても、まだ二人が社会を作っているとはいえないであろう」が、しかし、実はこれは、社会が成立するギリギリの「限界現象」なのである。「限界現象」というのは、このような瞬間が常に二人の間に社会（関係）を成立させるわけではないが、ときと場合によっては二人の間に社会（関係）の生成がはじまる可能性を秘めるギリギリの現象であるということだ。

ではこの人と人がチラっと視線を合わせたり、すれ違ったり、偶然接近したりすることを例に考えてみよう。ちょっと街に出れば、私たちはいろいろな人とすれ違い、身体的にも接近することが多い。しかし多くの場合、それは一瞬の出来事であり、そのまま次の瞬間には何ごともなくやり過ごされてしまう。しかし、たとえば次のような場合はどうか。

これはつい先日、実際に私の妻が三歳になる息子を連れて郊外のスーパーマーケットで経験したことなのであるが、彼女が息子をのせたカートを引きながら買物をしていると何やら少し離れたところから自分に向けられている視線を感じたのだそうだ。気になってそちらに視線をやると六〇歳くらいのおじさんがこちらをジッと見ているような気がしたという。しかしたぶん気のせいかなと思いながらもちょっと気味が悪いので、その場所を離れて別のエリアに移って買物を続けた。するとしばらくしてまたそのおじさんが来てこちらを見ている気配がする。私の妻はまた場所を変えた。するとそのおじさんがまた来る。計四回買物のエリアを変えたらしいのだが、その度にそのおじさんはついてきたのだ。といっても、彼女のそばにやってきて話しかけてくるわけではなく、ちょっと離れた場所からただじっと見ているだけなのだ。

結局私の妻は予定より早く買物を切り上げ、車で帰ってきたわけだが、こうした場合「まなざす」という行為が、ある心的相互作用を引き起こし、社会関係が形成される端緒《たんしょ》（＝「限界現象」）になっているのだ。おそらくそのおじさんは彼女の容姿に心を奪われ、できれば少しでも長く彼女をみていたいという欲求に駆られ自らを「まなざす」という行為に向かわせ（何を隠そう、私の妻ははっきりいって美人なのだ）、彼女はおじさんの視線によって一種の薄気味悪さを感じ、なるべく離れようという行為をとった。おじさんのまなざしは、それが一瞬のものとして終わってしまえば、社会を作る端緒にはならなかったはずである。しかしこの相手をまなざすという行為が継続的に行なわれることによって、社会的相互作用の端緒と成りえたわけだ（ジンメルのいう相互作用とは、協調行動ばかりを意味するわけではない。この例のように、互いの思惑がズレたりあるいは反発したりする場合でも、相互に影響力を与え合う関係である限り、相互作用なのである）。こうしたことをジンメルは次のように述べる。

「この場合の相互作用は非常に表面的で一時的であるが、それでも、それなりに社会を作っているると言えるものの［これだけではまだ不充分である］、そして、これが大切な点なのだが、本当に社会を作ると言えるためには、こういう相互作用がもっと頻度や強度を増し、それに似た多くの相互作用と結びつきさえすればよいのである。社会という名称を永続的な相互関係、つまり、国家、家族、ギルド、教会、階級、目的団体など、名のある統一的構成物に客体化された相互関係だけに限るのは、日常用語に理由もなく固執するものである。こういう［客体化された］相互関係のほかにも、人間と人間との間には、もっと小さな、一つ一つとしては問題にもならないような関係形式や相互作用様式が無数にあって、それらが公的とも言える大きな社会形式の間へ忍び込んで、それで初めて世間でいう社会が生れるのである。」

（ジンメル『社会学の根本問題』第一章、［　］は引用者の補足）

人間関係の営まれる生成のプロセスとしての社会

ジンメルがいいたいのはこういうことだ。日常用語としてはたしかに「国家、家族……」などの「永続的な相互関係」を伴った組織や集団を社会という。しかしそれらはそれ自体では決して持続することはないのだ。それらのほかにも、あるいはそれらを成り立たせるためにも、人と人どうしのより微細で日常的で相互的なやりとりがなければならない。先にあげた組織や集団はそうした相互の関係が一定の方向づけをもって持続し「結晶化」し「客体化」（主体としての人間から相対的に独立し、あたかもそれ自身の独自の論理をもつかのような状態。八章で詳述する）したものだ。何が社会の本質か。それはこうした固定した一つの実体であるかのようにとらえられる組織や集団あるいは全体としての社会といったものではなく、日々人間関係が営まれる生成のプロセスそのものである。

もう少し別な表現をするとこういうことだ。ジンメルの〈相互作用論的社会観〉の特徴とは、社会を〈すでにそうであるもの〉という既成的・実体的なものとしてとらえるのではなく、〈いま・ここでそうなっていること〉という出来事のプロセスにおいてとらえるということにあるといえる。つまり社会の「構造」や「体系」「制度」といったすでにできあがった状態の分析に力点を置くのではなく、日々私たちがコミュニケーションするなかで生じる出来事の「過程」との関連において、人間の行為と精神のありかたに着目する。ジンメルの社会観のこうした特徴が、ごくふつうの生活者が自分の日常と社会のあり方をつなげて考えるための基本的な〈知的道具《ツール》〉として、彼の社会学的認識を活かすことができる第一の理由なのである。

第二章　社会をどこから見るか

社会をとらえる〈まなざし〉

さて、前章で私は自分の生活の現場から社会を考える有力な足がかりとして、ジンメルの〈相互作用論的社会観〉を紹介した。しかしジンメルのこの社会観を、前章で指摘しただけでは、〈私から社会へ〉の「扉」を開けるための〈知的道具（ツール）〉としてはまだ不充分なままなのだ。〈相互作用論的社会観〉を、〈当事者の視点〉という考え方と結び付けて理解するということが必要である。

まず最初に私が社会学を学びはじめたときにもった一種の「固定観念」を解きほぐして考えてみたい。第一章で触れたように、当初私がもってしまった「社会学とはこういうもの」という考え方が、ある意味で社会学的思考の可能性を低く見積もることにつながってしまったという反省が現在の私にはある。何よりも〈私から社会へ〉という考え方の押し広げにとって妨げになるような理解になってしまったのだ。しかし実はジンメルの社会認識の基本である〈相互作用論的社会観〉は、そうした私の社会学に対する「固定観念」を相対化する〈まなざし〉を潜在的にもっていたのだ(しかしそのことに私が気づくのは、ジンメルを読みはじめてからかなりたってからのことだ)。

さて、私が社会学に対して最初にもった「固定観念」とはいったいどういうものだったのであろうか? それは、社会学とは、個別的で具体的な人間の「生」とは相対的に切り離されてある「社会」それ自身の仕組みや論理を、「客観的」「科学的」立場から解明する学問であるというものだった。いま考えると、この理解はやはり相当極端な決めつけの感じがする。しかし従来の社会学に対してもつイメージとしては、全くの見当違いの誤解というわけでもなさそうだ。

「社会学」とはどんな学問かという問いに答えるためにも、まずそもそも「社会」とは何だろうかという問い(この問題については第一章でもだいぶ論じた)や、「客観的」とか「科学的」とかいう言葉に関して検討を加えることは、どうしても避けられない重要な課題なのだ。こうした基本的な言葉(ふつう「概念」と呼ばれる)の理解の違いが、それらをもとにして展開される社会学の思考の方向性に大きな影響を与えるからだ。とりわけ〈私から社会へ〉と考えを進める発想を取れるか取れないかという根本的問題にとっては、とても重要な鍵を握ることになる。この章ではこうした問題について検討を加えていくことにしたい。

第一節　俯瞰する視点と当事者の視点

〈社会とは何か？〉という問いに対するジンメルの答え――〈社会とは人びとの間に日々繰り広げられている「相互作用」の網の目〉は、とても明快で単純な答えだ。

しかしジンメルのこの答えに込められている考え方の〈核〉を取り出して吟味《ぎんみ》すると、あらためて私たちにとって「社会」がもっている意味の複雑さと大切さが見えてくる。そしてその作業をとおして私たちは、ジンメルの〈相互作用論的社会観〉が「いま」を生きる私たちに理論として何を残してくれているかがつかめてくる。だから、この章では、ジンメルの基本的な考え方が私たちに何を提供してくれているのかについて、もう少していねいに掘り下げて考えてみることにしよう。

どこから見るのか

さて、〈社会とは人びとの「相互作用」の網の目のことである〉というジンメルの社会観については、たとえば、次のような批判がすぐ予想される。

《ジンメルは「人間関係」と「社会」を同一視している。しかしこれは不充分な理解だ。「社会」にはさまざまな段階がある。すなわち、人間関係のレベル、組織や集団のレベル、それらを越えた全体のレベル。そのすべてを「全体的に」論じてはじめて社会を充分にとらえたことになる。ジンメルの「社会」観はこの最初のレベルを不当に重要視しているものだ。》

なるほどこれは、もっともな批判のようにも聞こえる。しかし、一般的に理解されるこのような社会観がどういう前提に立っているのかを検討することによって、こうした社会観からはとらえきれないジンメルの社会観の特徴を考えてみることにしよう。

まず最初に確認しなければならないことがある。それは次のようなことである。

そもそもあらゆる理論には「観点」というものがある。つまり、ある一定の（ということは一定の視野とまた死角を伴った）位置に立って、そこから見通せる限りで理論は構築されるわけだ。つまりしかるべきある位置に視点を定め、そこからの〈まなざし〉によって、理論的な像は描かれるわけで、視点が違えば描かれる「像」には当然、違いが生じる。そして理論の有効性とは、こうした前提をふまえた上で、その理論の描写内容にどの程度の説得力があるのかに依っているといえよう。逆にいえば、対象そのものの〈あるがままの姿〉をそのまま写し取れる絶対的に完全なオールマイティな理論など存在しないのだ。このことの理解は実はとても大事で、ここの押さえ方が「科学」とか「客観的」といったほかの重要な概念の理解を決定するといってもよい。

ジンメルの視点はどこにあるのか

さて、このような確認をした後、社会を右で述べた人間関係―集団・組織―全体社会の三層からなるものと考える理解と相互作用論的社会観に立ったジンメルの視点との比較に戻ってみよう。人間関係―集団・組織―全体社会という三つの層として社会を理解するというのはいったいどのような視点からの〈まなざし〉なのだろうか。それは、社会という対象を全くの外部から眺め下ろす視点、いわば天上高いところから人間や社会を見下ろすまなざしであるといえる。言葉を換えれば、社会を自分たち（の生活や経験）とはいったん切り離してとらえるという意味で、純粋客観的に「科学的に」とらえようとする〈俯瞰《ふかん》する視点〉であるともいえるだろう。後から指摘するように、たしかに俯瞰する視点が必要な場合もある。しかし、それには「条件」がある、という理解がポイントだ（これはとても大事な論点である）。俯瞰する視点が必要になるのは（科学がもつ客観性を絶対的に信奉する一部の学者が考えるように）、人間社会そのものの全体性をあるがままに写し取ることを実現するためでは決してない。俯瞰した視点のメリットは、そうした視点をとることで現実的な社会的課題をクリアするための分析の視角がより明晰《めいせき》になるというだけなのだ。

一方ジンメルの視点はどこにあるのか。ひと言でいって彼の場合は、人びとの具体的な相互作用の〈現場〉に焦点を合わせ、そこからみえてくる世界をとらえようとしているのだ。つまり〈俯瞰する視点〉とは、いわば〈まなざし〉の発せられる位置が違うのだ。このことを無視して、ジンメルの社会概念はミクロな世界しかみていないといった批判をするのはちょっと筋違いだろう。

もちろん、ジンメルの理解においても〈全体としての社会〉という考え方が全く放棄されているわけではない。主著『社会学』の各章においてジンメルは、「集団」や「組織」が抱える問題を読み解くために〈俯瞰する視点〉に立っている場合もある。

しかし、まず第一に何を社会の基本と考えるか、言い換えれば社会の基本型をどうイメージするかというときに、ジンメルは、人びとの「相互作用過程」そのものに焦点を当てようとする。これは〈俯瞰する視点〉の高みから一たび舞い降りて、日々の生活を営む〈当事者の視点〉に立つということだ。〈当事者の視点〉とは、日常生活において関係の網の目のなかを生き、そしてその生の現場でいろいろな問題を抱え込まざるえない私たちが自分の問題として、私と社会の問題を考える際に取るべき視点のことである。ではこの〈当事者の視点〉*に立つということの意義は、いったいどのように理解すればいいのだろうか。

＊〈俯瞰する視点〉と〈当事者の視点〉を最も具体的にイメージするにはどうしたらよいだろうか？「俯瞰」は比喩的な表現として、「鳥瞰」という言葉に置き換えることができる。それは、大空を高く飛ぶ鳥のようにはるか上空から社会という下界を見下ろすというイメージだ。一方〈当事者の視点〉は何か具体的なイメージに置き換えて理解することができるだろうか？ このところ「鳥瞰」と対照的な語として「虫瞰」という言葉を目にすることがある。地面を這いずり回る虫のように、生活の現場に根をはって社会的出来事を観察したり、社会的問題に取り組んだりすることを意味するようである。しかし私の感覚では「虫」では、〈いま・ここ〉の自分の生活や他者との関係を客観的に対象化し、とらえ直すというイメージが伝えきれない感じがする。

〈当事者の視点〉を喚起させるイメージをいちばんもっているのは、「ミーアキャット」という動物だ。ミーアキャットは、南アフリカの半砂漠地帯に住む小動物で、ジャコウネコ科に属するマングースの仲間だ。何より特徴的なのは、尾を支えにしながら二本足でしっかり立ってあたりを見渡す何ともいえない愛嬌《あいきょう》のある姿だ。しばらくあたりを見渡した後に腰をおろす、そしてまた二本足で立って見渡す。決して地面から離れず、しかも背伸びをしながらあたりを広く見渡そうとするその姿は、生活の現場に降り立ちながら、しかし這いつくばっているのではなく、〈いま・ここ〉の自分の生活とその社会的文脈をなんとか客観的にとらえ直そうとする〈当事者の視点〉と重なってイメージできる。

◆俯瞰する「鳥の視点」をとると、物事の概観はできるが、得られた認識を身のまわりの生活と結びつけるのは非常に難しい

◆這いずり回る「虫の視点」からは、身のまわりの生活はよく見えるが、その状況を客観視することができない

◆立ち上がってあたりを見わたし、自分の位置を確かめる「ミーアキャット」の視点からは、身のまわりの生活もよく見え、しかも自分の生活を客観的にとらえ直すこともできる

ジンメルの〈相互作用論的社会観〉における当事者の視点は、〈ミーアキャット瞰〉とでも言い換えることができると私は考えている。

「社会」に対して私たちの抱くイメージ

その問題を考える前に、まず、私たちが日ごろ漠然ともっている社会イメージについて考えてみたい。そこでは俯瞰する視点が、社会という概念の理解そのものといかに分かち難く結び付いているのかが明らかになるはずだ。

たとえば、『広辞苑（第五版）』の「社会」の項を開いてみよう。そこには、「社会」とは「society の福地桜痴による訳語」であることの紹介の後、こう書いてある。「(1) 人間が集まって共同生活を営む際に、人々の関係の総体が一つの輪郭をもって現れる場合の、その集団。諸集団の総和から成る包括的複合体をもいう。自然的に発生したものと、利害・目的などに基づいて人為的に作られたものとがある。家族・村落・ギルド・教会・会社・政党・階級・国家などが主要な形態。(2) 同類の仲間。(3) 世の中。世間」。

ようするに社会とは、人と人の関係が、偶然的な出会いを越えて、一定のパターンや形態のもとに関係づけられた状態を指し、「組織」や「集団」という語に置き換えてもとらえられるということを述べている。さらに、そうした複数の組織や集団が互いに関係することによって作り出される、ある全体的なものが社会だと説明している。いずれにしても、人と人との相互作用そのものを越えた次元を社会イメージの基本としていることに注目しよう。

また私は「社会学」関係の授業を担当するときに、毎年講義の前半に次のような質問を発し、それに対する回答を「コミュニケーション・カード」として提出してもらっている。「あなたにとって『社会』とは何ですか？　またどういったときに『社会』を感じますか？」という問いに、いつもいろいろな答えが返ってくるわけだが、それらはいくつかのパターンに分類できる。そのなかでも数として断然多いのが、やはり俯瞰する視点からとらえられる「全体としての社会」というイメージだ。たとえば次のようなもの。

「私たち人間が生きているさまざまな関係性を含んでいる環境のこと。社会という大きな枠組みのなかに、国家や民族、家族、学校などの数々の小さな枠組みがあり、それぞれが個々の機能をもちバランスを取り合っている。」（大学二年生）

まるでアメリカの理論社会学の大家タルコット・パーソンズの「社会システム論」でも勉強して答えているような感じだが、本人はおそらく社会学の授業ははじめて受けているはずであり、この答えは彼自身の頭で考えたことなのだ。

そもそも私たちが最初に「社会」という言葉に出会うのは、多くの場合、義務教育での教科名である「社会科」だろう。そこで身のまわりの地域や日本そして世界へと次第に空間的に広がるものとして私たちは社会を意識するように教えられる。たとえば、白地図を塗るという作業がある。そこでは自分が鳥にでもなって、あるいはもっといえば人工衛星か何かに乗って地域全体あるいは日本全体を見下ろしているスタンスがとられる（俯瞰［＝鳥瞰］する視点の獲得としての地理的分野）。また歴史的分野についてはどうか。歴史についても私たちはまた、タイムマシンにでも乗ったように古代文明から現在までを一気に駆け抜ける。その際のポイントは各時代の政治的大事件を時系列的に記憶することである。

「一一九二［イイクニ］作ろう『鎌倉幕府』！」など、歴史が自分自身の現在の生活とどうかかわってくるのかという視点はほとんど問われないまま、事件史としての歴史を川の流れを橋の上から眺めるように俯瞰することを私たちは習得する。

だから私たちはふつう「社会」という概念を、俯瞰するまなざしに立ってはじめてみえてくる対象として理解しているのではないだろうか。いわば社会は「空間的」に把握される（右であげた歴史においても社会は年表といった「形」をとって空間化されて理解されているといえる）。

俯瞰する視点のもつ意味

たとえば、もし私やあなたが市役所や県庁の地域振興課か何かの職員で、自分の地域をいかに活性化したらよいかという課題をもっていたとしよう。そのときは当該地域についての人口動態、産業動向、社会資本の拡充度などについての客観的なデータを〈俯瞰する視点〉に立って調査し、その地域がどのような特徴をもち、どの点を改善したらより効率性の高い「地域興《おこ》し」が可能かについて検討を加えなくてはならないだろう。また、財務省や厚生労働省などの官僚であれば、「経済」あるいは「福祉」という「特定の観点」からではあるが、日本全体を俯瞰する視点から理論を組み立てたり、データを集積させたりする必要がある。

しかし、こうした知識や視点の取り方は、私たちがいわゆる「ふつうの市民」として、あるいは

「生活者」として、周りの人間たちとの調整や妥協あるいは緊張関係を通じて自分たちの暮らしをどのように組み立てていくのかといった日々の課題を解きほぐす視角とは必ずしも重なり合うわけではない。生活者としての私たちにとって必要なのは、等身大の私と家族や友人といった「身近な他者」との関わり方、あるいは地域や学校や職場といった生活空間における人間関係をとらえ直せるような視点であり、さらには「世間」といった目にみえない抽象的な他者のまなざしに、どう対《たい》峙《じ》したらよいかという次元の問題ではないだろうか。

当事者の視点と俯瞰する視点のどちらが優れた視点であるかを、何の前提もなしに判断することはできない。それは観察者の価値関心に由来する。しかし問題なのは、観察者の価値関心がおよそ明らかにされないまま〈俯瞰する視点〉が取られたり、観察者自らが自分の価値関心に無自覚だったり、もっと極端には価値関心など全くもたないことが〈科学的態度〉であるかのように理解されることがあることなのだ。

当事者の視点＝相互作用論的社会観

この二つの視点の関係をよく考えてみると、〈俯瞰する視点〉の意義を根拠づけるのは、実は〈当事者の視点〉の方であることがわかる。

そのことをさきほどから挙げている地方公務員あるいは国家官僚の例で考えてみよう。彼らは職業上明らかに〈俯瞰する視点〉からある地域を眺めたり、日本という国に関する種々のデータを収集することが必要だ。しかし、どんな都市計画も国家的政策も、それを行なうものが社会というものに対してどのような現実感覚《リアリティ》をもっているかによって、それがよいプランになるかそれとも大衆の生活をますます追い込むような悪いものになるかという決定的な違いが生じるだろう。

　そして彼らの現実感覚を支えるのは、日ごろ彼らが生活者としてどのような社会像をもって暮らしているかという〈当事者の視点〉なのだ。現実感覚があまりにも世間の常識や大衆が望む暮らしの志向性からかけ離れていれば、それは、複雑な要因の組み合わせによるどんなに精巧な計算式にもとづく分析であっても、「百害あって一利なし」というものになる。たとえ公務員や官僚といった社会政策のプランナーであっても、自分が一人の生活する主体として社会というものをどのように感じ、どのように意味づけようとしているかということがまず基本になるだろう。その意味で生活する当事者として、「社会」というものをどのように考えようとしているかということが、まず第一のポイントとなると私は考える。

　社会に対するこのようなまなざしを可能にするものとして、私はジンメルの〈相互作用論的社会観〉を位置づけたい。そこに〈当事者の目線に降り立って見える出来事を観察する視点〉の社会的理論の意義を見い出したいのだ。この章の最初でも指摘したように、ジンメルの相互作用論に対する批判としてよく耳にするのが、「ジンメルは微視的な人間関係のみをあつかっており、巨視的な社会全体の構造を見渡すような理論的視野がない」というい方だ。

　しかしこれはちょっとピントがズレていると思うのだ。ジンメルにとって社会を考えるということは、そもそも神のような俯瞰する視点から社会という実体を眺め下ろしてその全体の性格や構造を論じるということとイコールではないのだ。日々繰り広げられる相互作用の関係の網の目に生きる「生」の担い手としての個人が、体験する「社会的なもの」の論理を紡《つむ》ぎ出してみせること。それがジンメル社会学の最も要《かなめ》となる基本的姿勢だと私は考える。

もちろん彼の社会学では、相互作用の形式を抽象的に取り出しそのパターンを分析しようとする理論的意欲がかいまみられる。しかし、そうした学問的営為も、結局のところ、人間の「生」と切り離されたものではなく、やはり生活する当事者にとって意味のある限りでの学的知識として理解されるものなのだ。その意味でジンメルはやはり「社会学者」であると同時に「生の哲学者」だったのだと私は思う。

第二節　大衆が現われて社会学が必要になった

ヴェーバーの懐疑

当事者の視点にしろ、俯瞰する視点にしろ、その視点から社会を論じるのは、そのことによって「何が得られるのか」（ようするに「何に役立つか」）ということがポイントになる。ジンメルが的確に表現しているとおり、「人間の認識作用は実際上の必要から生じた」（ジンメル『社会学』第一章）し、いまもなおこの「実際上の必要」ということが、社会をとらえることの最大の意味をなすと私は考える。

しかし、こうした考え方は、科学としての社会学においてはむしろ異端なのかもしれない。少なくてもこれまでの社会学におけるオーソドックスな考え方はむしろ、「社会科学の一分野である限り、社会学の使命は、社会そのものの論理を客観的に正しく把握することであり、そのためさまざまな概念を駆使した説明や実証的データの集積を試みるのだ」ということになるだろう。そうした考え方に立てば、社会を論じるということは〈純粋な観察者〉の立場にたって「科学的」「客観的」になされなければならず、生を営む人間の固有な経験と「社会的なもの」をつないで考えるためにはどうすればいいのだろう、などという「哲学的」（あるいは「文学的」）問いは全然問題にならない。社会は自然科学の対象と同じように純粋に「科学的」に「客観的」にとらえることができるし、またとらえなければならない、ということになる。

しかし、実はこうした自然科学のアナロジーとして社会科学を位置づけ、その一分野として社会学を成立させようとする傾向には社会学成立の当初から批判があった。その代表格がマックス・ヴェーバーである。ヴェーバーは一九〇四年に書いた「社会科学的および社会政策的認識の『客観性』」において、いま述べたような自然科学に擬して社会科学を構築することにきわめて懐疑的な姿勢をとる。

ヴェーバーはこのように述べている。

《社会科学者のうちある者は、あらゆる前提や仮定を取り払い社会そのものをそのまま映し出すような「法則」を見い出すことを社会科学の課題と考えている。しかしそんなことは最初から無理な注文だ。社会に関する科学が成立するとしたら、まず第一に認めなければならないこととして、人間の知的営為の根本には何が大事で何が枝葉かなどを識別する人間の「価値判断」が働いているということが指摘される。つまり科学的認識とは現実のあるがままを写し取るのではなく、「無限で多様な」現実を、ある「特殊な観点」から切り取ることを意味する。つまりある一定の「価値関心」にしたがった現実のより分けが科学的営みの基本なのである。そしてそこでの客観性の保証とは、自分がどのような価値関心に立ってどのような観点から現実を分析しようとしているかについての研究者の自覚の度合いによるのだ。そして社会科学においては、たとえば「経済的関心」という特殊な観点のもとで、論理的にそれ自体の内部に矛盾をもたないように構成された概念（こうした概念をヴェーバーは「理念型」と呼んだ）にしたがって現実が分析されるべきなのであり、研究者はそうした社会科学の独自な性格と研究対象と方法を方向づける自分自身の価値関心に対して深い自覚をもつべきなのだ。》

「絶対的真理」はあるのか

さて、こうしたヴェーバーの考え方は、社会学に対するジンメルの考え方ときわめて近い立場にあると考えられる。ジンメルは主著『社会学』の冒頭で、彼自身の社会の認識論を次のように語る。ジンメルによれば、人間が何かを知るという「認識作用」は、「実際上の必要」から生じた。正しい認識つまり真理とはそうした認識にしたがって行動すれば生存が保障され、他者との競争にも打ち勝てるような知識を意味した。しかし、認識作用はいったん成立すると、それ自体が自己目的となる。つまり人間の行動に見取り図を与えたり指針を与えたりする「手段」だったはずの認識が、それ自体「究極目的」のようになる。それが科学であり、科学的真理を探求すると称される研究者集団だ。

しかし、たとえ真理探求という究極目的が絶対視されたとしても、そこにはある種の「実際の関心」が存在する。それは、絶対的真理をきわめたい、それに到達したいという人間の欲望そのものにつなぎとめられていることを意味する。さて、どんなに真理追求の学としてめざしたとしても科学は必ず「問題提起と知性の形式」という枠をもつ。つまり、ある限定された問いが立てられ、それに応答できるような知的働きを前提とするわけだ。どのような枠を作るかは、やはり研究者集団の「新しい意欲と感情」に依存する。ジンメルがいいたいのはつまり、客観的・絶対的真理そのものの追求をどんなにめざしても、人間の知とは人間の意欲と感情によって定められた価値関心によって限界づけられる。したがって観点や方法の制限を受けない知的営為というものは存在しない。科学によって客観そのもの真理そのものに到達することをめざすことは不可能だということになる。

しかし、こうした考え方は客観という概念あるいは真理という概念を放棄すべきだということを意味しない。そうではなく、客観の絶対性や絶対的真理に到達できるという認識態度をジンメルは批判するのである。認識とはある限定された場所から見ることであり、限定された視点とその視点からとらえることができる範囲（＝射程）を不可欠の要素とする。したがってそれは、認識対象をある視点と射程にしたがって切り取った認識像である。つまり客観そのものや真理そのものをまるごととらえるということは背理なのである。では、このような考え方に立つとすれば、客観とは、そして真理とはどのように理解されるだろうか。

客観とは、認識の対象のことであり、また客観的認識とは自分の価値関心と認識の方向性（つまり視点の定め方と射程）について、自分自身で対象化してとらえることができているということな

◆それぞれの立場の認識は全く異なる。しかし、コミュニケーションによって、みんなが納得のいくような共通了解が生まれる

のだ。また真理とは諸個人の間で「なるほどそうだ」というかたちで共有されている認識（これを「妥当」という）として考えられる。つまり真理とは、ある社会の集団の成員に、〈なるほどこれは「真」である〉といったかたちで共有されている「妥当性」として理解される。

社会の前提としての大衆の成立

さて、ヴェーバーやジンメルが依拠《いきょ》したこのような考え方に立つと、社会学とはいったいどんな性格をもった学問であると理解されるだろうか。

まず第一に、社会そのものの構造や論理をあるがままに客観的に写しとることが社会学の課題ではないということが、これまでの考察からわかったといえるだろう。そんなことはどだい不可能なことだ。

それでは社会学はなぜ成立したのだろうか。社会学は非常に新しい学問だ。社会学という語を最初に用いたのはオーギュスト・コントだが、それは一九世紀のなかごろのことだ。そしてジンメルによれば、社会学は大衆が国王や貴族や僧侶といった卓越した「個人的権力者」に対して獲得した「実際の力」を理論的に表現したものということになる。

このことはちょっと説明がいるだろう。つまりジンメルは次のように発想している。

たしかに人間は有史以来、「社会」を為して生きてきた。しかし名もなきふつうの人びと——つまり大衆——がはじめて、自分たちの生活のスタイルや慣習やモラルを「社会的なもの」として意識し、自分の固有の「生」に対する条件として社会を理解しようとしたこと、これが社会学の成立を支えている。これは第一に「身分」による違いを認めず「平等」の観念が根づいてきたこと、そしてその結果、「自由」という価値観が大衆のなかに浸透していくことを背景にしている。

封建的身分社会から近代の自由・平等の社会へ――これは中学レベルの社会科において充分聞かされてきたストーリーである。しかしちょっと立ち止まって考えて欲しい。たとえば日本の封建社会である江戸時代にあった「切り捨て御免」という決まりごとを取り上げてみよう。これはよく考えるとすごいとしかいいようがない決まりだ。いくら「士農工商」という身分制度が確立しているからといって、武士階級に属する人間が無礼を働いたほかの身分の人間を切り捨ててもかまわない、というのは同じ人間という「人権」感覚をまがりなりにも当たり前と考えている私たちの想像力を越えた事態ではないだろうか。

いま私は、武士とそれ以外の身分を同じ人間という語で表現したが、「切り捨て御免」という制度が成り立つということは（実際に行なわれることはまれだったとしても）、明らかに同じ人間という観念は成り立っていないと考えられるだろう。つまり、身分的違いとは、彼らは私たちより経済的にも政治的にもすべてにわたってだいぶ恵まれているのだな、などという比較の感覚を超越した差異なのだ。もっと絶対的な、彼らより私たちが劣る、劣らないといった比較が成り立たないような差異なのだ。だから身分の違いとは、その時代を生きる当事者にとっては社会的役割の不均衡な分配といったものではない。

社会的役割といった場合は、少なくてもその社会というものをそれぞれが役割を分担しつつ共同で構成するといったニュアンスがある。しかし身分の違いというのはこの同じ人間でありながら、富や政治的参加度において不均衡があるというようなレベルの違いではないのだ。同じ人間なのにいろいろな不平等があるのは不当だというような考え方それ自体が成立しないような絶対的な差異なのだ。こうした時代には一人ひとりの人間の意識に〈自分たちが「社会」を作りながら生きている〉、〈自分たちが「社会」の担い手なのだ〉というような考え方は共有された価値観として成立する土台をもたないのだ。

つまりジンメルの発想にしたがえば、近代以前の民衆には自らが社会的存在であるという自己意識や、あるいは社会的ルールは自分たちの共同的な合意にもとづいて自分たちで変更することができるといった発想は成立しない、ということになる。

「社会」が一人ひとりの人間にある種の像（イメージ）として妥当性をもつためには、まず第一に「同じ人間」という観念が共有されなくてはならない。そうしてはじめてお互いの私的利益をベースとして利害関係を軸にした関係の網の目が広がるというイメージが広く共有されることになるだろう。私もあなたもそのほかの人間も己の私的利益を最大限に満足するよう行為する「権利」をもち、それを保障するルールが整備されなければならないのである。そしてそうしたルールのもとにすべての人びとが「対等」であり、ルールは人びとの合意にもとづいて変更可能である――そうした考え方が「社会」という観念を中心にして徐々に形成されてきた。ひと言でいえば、それは「大衆」の成立を不可欠としていることになる。

つまり、「社会」という観念は、右でみた封建制的身分秩序が徐々に現実的効力を失ってきた時期にこそ生じはじめると考えられる。ヨーロッパではその秩序の変革が「市民革命」というかたちでなされ、それ以後「社会」という考え方が「大衆」の間に徐々に獲得されてきたと考えられる。そうした考え方を思想として形作ったのが、ホッブス、ロック、ルソーといった人たちに代表される近代社会思想*であり、大衆に現実的な力を与えたのが「産業革命」である。

＊こうした社会的文脈における近代社会思想から社会学への展開については、次の第三章で詳しく検討することになる。また、ホッブス、ロック、ルソーといった近代社会思想の代表者の考え方については、竹田青嗣、西研編『はじめての哲学史』、第六章を参照して欲しい。

こうしたプロセスのなかで、「社会」という観念、または自らを社会的存在と考える意識が生じてきたと考えられる。つまり「社会」という概念は、それ自体で身分的なものに対する対抗性をもっている。それまでの既存の体制に対する否認や否定のニュアンスを含んでいるのだ。またこうした傾向はマルクス主義に代表される「社会主義思想」によってますます強められる。

とにかく、市民革命と産業革命そして社会思想の後押しによって身分の「差異」は「差別」として不当であり、たとえ経済的条件や職業に多少の違いがあったとしても、われわれ大衆が一つの社会を構成し、社会とはわれわれの相互関係において互いに妥当する〈ルール〉から成り立つという考え方が、「社会学」を要請した。つまり社会学は大衆が自分たちの生活を大きく規定し、しかも動かしうる対象としての「社会なるもの」の性格を探ろうとする学問として成立してきたのだ。そして「社会の本質とは何か」「何が社会を構成するのか」という根本の理解の仕方の違いによって、その後社会学は多様な理論的方向を模索していく。

しかしここではそうした「社会学説史」に深入りする余裕はない。ジンメルの社会学の理解にもどろう。ようするにジンメルにとって社会学は、大衆の生活にとって「必要」になったから生じてきたのだ。それはたとえまだ支配と非支配の差異や上層と下層の違いがあったとしても一つの社会を構成しているという意識が右のような現実の動きを背景に大衆の意識に浸透してきたからである。

無数の名もなき人びとの営みの積み重ね

そうした意識の変化をよくとらえているのが、ジンメルが指摘する「社会的生産（社会による生産）」という考え方だ（ジンメル『社会学』第一章、『社会学の根本問題』第一章参照）。まず、「社会的生産」という考え方と対照的な伝統的考え方は次のようなものである。

「言語、宗教、国家の建設、物質文化というような歴史生活の主要内容は、一八世紀になっても、専ら個人の『発明』に帰するほかはなかったし、また、個人の智慧《ちえ》や関心で足りないと思えば、超越的な力を持ち出すほかに手はなかった。」（ジンメル『社会学の根本問題』第一章）

「社会」という考え方がまだ浸透していない時代――彼は「一八世紀」になってもそうだったといっている――は、あらゆる歴史的・文化的内容の生産は個人の「天才」に帰するか、あるいは「神」という超越者にその原因を帰するかのどちらかだった（これをジンメルは「純粋個人的な方法」と「超越的な方法」といっている）。こうした考えからすると、ふつうの人びとはそうした歴史的・文化的内容をただ授かるだけの受け身の存在として位置づけられてしまう。

ところが、いまみたような意識――つまり大衆が自分たちの力で生活の基本的なルールや秩序といったものを規定していこうという意識——が「社会」という概念を発見し「社会的生産」という考え方を獲得したとき、大衆ははじめて自らを「生」の主体と位置づけることができたのである。たとえば、「国家、教会組織、言語、道徳制度」といった文化や制度は、一八世紀以前は、上から授けられ自分たちの「生」を規定し制限するものとしてしか体感できていなかった。しかし、社会的生産という考え方は、こうしたさまざまな文化や制度が、無数の名もなき人びとの営みの積み重ね、「社会的相互作用」の積み重ねによって作り上げられているという理解を準備した。

私たち自身により社会は営まれる

こうしてみると、ジンメルがいう「社会的生産」は彼の〈相互作用論的社会観〉と密接に関連している考え方であることがわかるだろう。なぜ、社会をはじめから実体的にあるモノとして理解するのではなく、相互作用という動態的《ダイナミック》なプロセスそのものの次元で理解しようとするのか。どうしてこのような社会の側面に焦点があたる視点の取り方をしなければならないのか。

こうした問いに対して、ジンメルだったら次のように答えるのではないか。

> 《社会の本質をどのように理解するかによって、その人間の社会に対する態度の取り方が大きく左右される。社会を最初から個人の向こう側にそびえる〈壁〉や個人を囲い込む「檻」のようなものとして理解してしまうと、社会で生きることに対する無力感や社会に対する憎悪の感情に支配され、その人の「生」はますます貧しくなっていく。しかし社会というものを人間どうしの関係を全く越えた外的実体として、全く動かし難いものとして理解するのではなく、

◆ピラミッド型の「身分制社会」では社会に対する意識は育たなかったが、「市民社会」が生まれ自分たちが社会の担い手であるという意識を市民がもつようになったため、社会を課題とする「社会学」が必要になった

人と人との相互作用の網の目のようなものとして理解したらどうだろう。そうすれば社会はたんにわれわれの「生」を制限し規定する外的なモノではなく、われわれの活動それ自体が作り出している「生」の結果の一つの形象として理解される。こうした考えに立てば、社会が一見するとわれわれにとってよそよそしいもの、外的なものとしての性格をもつように感じられることがあったとしても、それが決して「鉄の檻」のような堅固なものではないという感じがつかめてくる。》

ほかのすべての科学の場合と同様に、社会に対する科学もそれを志す本人が、どのような価値関心をもって論理を組み立てていこうとしているかによって、その理論がもつ全体的性格が大きく左右される。ジンメルの〈相互作用論的社会観〉は、人間と社会を全く対立した非親和的なものとしてとらえるのではなく、人びとの日々の関係の営みが社会を作りあげ、そしてそうした社会の全体的性格から人びとが影響を受けながら行為を繰り広げる姿を浮き彫りにしようとする社会観なのである。こうした社会イメージに立ってはじめて社会の流動性や変容のあり方がとらえられることになる。

その結果、われわれを外側から規定し制限しているかにみえるさまざまな諸制度やルールも、実は日々の相互作用のなかで再認され、少しずつ組み替えられながら存続しているのだという認識が深まってくると考えられるのだ。つまり人びとが意識的あるいは無意識的に制度を受け入れ、社会的ルールにしたがった行為を積み重ねることによって制度やルールが維持されるのであり、また人びとのそうした行為の積み重ねの性格が変わっていけば、制度やルールのあり方もそれに呼応して少しずつ変わらざるをえないのだ。こうした社会認識が、私たちが社会の担い手なのだということの現実的な根拠を支え、〈私〉が「社会」への「扉」を開け、「社会」へとつながっていくための重要な足がかりとなっていくのだと私は考える。

第三章　社会学は何を問題としてきたのか？

第一節　近代社会と社会学はどう成立したか

これまでの章で私は、ジンメルの〈相互作用論的社会観〉について詳しく検討してきた。その際、ジンメルの見方は社会を固定的にとらえるのではなく、関係形成のプロセスがもつ流動性、動態性に着目する見方であるということを確認した。

しかしそうした考え方をジンメルがあえて強調しなければならない理由について、もう少し深く突っ込んで語っておく必要があるだろう。そうでないと、ジンメルの社会把握の基本的モチーフの意義がどこにあるのかがいま一つ鮮明になってこないからだ。ここでは社会学の成立の事情を踏まえて、この問題について考えてみよう。

ヨーロッパ近代のなかで

ジンメルが活躍した時代は一九世紀末のいわゆる「世紀末」だ。フランス革命からはすでに一〇〇年がたっている。

「世界史」の常識が私たちに教えるところによれば、フランス革命に代表されるヨーロッパの「市民革命」とイギリスからはじまる「産業革命」が、いわゆる自由と平等を理念とする「ヨーロッパ近代」を生み出す原動力となった。とくに「市民革命」は、王侯、貴族、そして僧侶といった上層身分のものが独占していた富の配分のしかたや社会的ルールの妥当性への意志決定の権利を、「革命」というラディカルな方法で一般市民の手に奪取したという点で画期的な変化をもたらした。こうした変化によってまず、王、僧侶、貴族、平民という身分制秩序が崩れ、市民が社会的ルールにもとづいて行動することにより「社会」の担い手という意識が生まれ、それが身分制を決定的に打ち破る考え方の基礎となった。その結果自由で平等な「市民社会」が生まれてくるはずであった(たとえば、ルソーの『社会契約論』は、こうした考え方の道筋をよく表わしている)。

「市民社会」としての近代の特質を取り出そうとする試みは、近代哲学に共通する課題だったといえるだろう。竹田青嗣が、こうした近代哲学の社会観のエッセンスを「ルール社会観」というとても簡明なかたちで取り出している(竹田青嗣・西研『哲学の味わい方』第四章)。

竹田青嗣の「ルール社会観」

まず竹田は、社会を「厳密なルールをもたないゲーム」としてイメージできるという。そのときの大事なポイントは三つある。第一に、ルールには、こうでなくてはいけないという「絶対的な根拠」はどこにもないこと。野球のベースランニングは左回りだが実は右回りの可能性だってありえた。しかし何となく「慣習的なルール」として左回りということになっている。社会もまた同様に「慣習」にもとづくルールの束として理解できる。ポイントの第二番目は、「何となくみんなの合意が取り出せたとき、ルールは少しずつ変わっていくということ」。そして第三番目のポイントは、ルール変更の動機は「いまあるルールだと何となくゲームがやりにくい、面白くない」ということにあるということだ。

さて、さらに社会の本質はもともと、慣習的ルールの束にもとづくゲームと理解することができるのであって、近代社会になってルール社会が突然生じたと考える必要はないというのも、大事な点だ。社会はルールにもとづくゲームだというのは、社会に対する普遍的な理解として妥当する。たとえば、近代以前の共同体社会では、たしかに大多数の成員が等しくルール設定やルール変更の手続きにたずさわれたということはない。そこにおいてはふつう、ルール設定の権威をもつものを「王」と呼んで特別視し、その王の権威は何か聖なるものによって授かったものとして理解されていた。しかし、実はそうした王の権威や王と支配層、一般民衆との間の権力の不均衡には何の絶対的根拠もないのだ。しかし共同体社会の内部においては、そうしたことはほとんど意識されることはない。市民革命に代表される近代社会への移行を経由することによってはじめて社会のルールには絶対的根拠がないということが、はっきり自覚された。この点が近代と近代以前とを区分する大きな分かれ目だと竹田は考える。

「ルール社会観」のこのような骨子をもとに竹田は、ルソーの社会契約論をぐっと現代的に再生させて、近代社会の三つの「あるべき公準」というものを提示する。第一に、社会のルールを守るものはその社会の成員であること。たとえば「日本社会の正当な成員」というのは、民族や血統といったものから判断されるのではなく、日本社会のルールを守る者というかたちで判断されるということだ。第二に、その社会の成員はルールの下にみな、対等であるということ。ルールに対する特権者がいないということだ。そして第三にルール決定とルール変更に対して、社会の成員が対等の権利をもっている、ということなのである。

社会学はなぜ必要となったのか

さて、以上のような竹田の整理は、近代哲学が社会イメージをそれ以前の思考様式と比較してどれだけ根底的に書き換えるインパクトをもちえたものであったのかをはっきり示している。とりわけルソーやヘーゲルにはこうしたルール社会としての近代の可能性が見えていた。しかも思想の可能性としては、現実の方向性をきわめて的確に見定めていたことは、今日の竹田の整理が近代哲学の現代性をあらためて浮き彫りにしていることからもよく読み取れる。しかし、裏を返せば、近代哲学の可能性は、わが国においては社会が成熟期を迎えた一九八〇年代以降の今日——明治以来の後進国近代の過程が終焉《しゅうえん》しモダニティの新たな段階に入ったと考えられる——において、ようやくリアリティをもった社会イメージとして語られるようになったというい方もできるのだ。

もっと簡潔にいおう。ルソー、カント、ヘーゲルらが生きたのは一八世紀末から一九世紀初頭にかけてである。その時期に「ルール社会」としての近代の「あるべき公準」は描き出された。しかし、その後の歴史の歩みは、そうした公準の実現が困難であることを証明するような動きを見せたのである。マルクス主義的用語で表現するなら、ヘーゲル以後の時代はいわゆる「帝国主義段階」に移行しつつある時代だった。一九世紀も半ばをすぎると、国内では資本家と労働者との階級対立は激しさを増し、対外的にはヨーロッパの先進国（列強諸国といわれる）によるアジアや南アメリカを中心とする植民地支配がますます露骨なかたちをとるようになる。「論理」として示される近代哲学の公準の実現可能性が、「現実」の歴史の動きのなかではますます遠のいていく。当時の知識人は多かれ少なかれそうした絶望の感覚を抱いたはずだ。

　こうした文脈において「社会学」が問題となってくる。いわば封建的身分社会のルールが革命によって書き換えられた社会は、ルールの下における平等、ルール設定、ルール変更に関する平等が実現するはずだった。しかもこの考え方が近代的法制度の基本になったし、ルールのもとでの「等質性」はいわば「個人主義」という近代的価値の前提なのだ。しかし、実際の社会は相変わらず矛盾に満ちている。産業構造の変化に伴う人びとの労働者化やそれに伴う大都市への人口集中による住宅問題、衛生問題、貧困の問題の発生などは、へたをすると近代以前の社会よりいっそうふつうの人びとの生存を脅かす場合もあった。

　そうした現状に批判の矢を向けたのが、マルクスに代表される社会主義思想である。さらに社会主義に大きな影響を受けながらも、やや違う角度から社会の問題を学問化しようとしたのが社会学だったのだ。

社会学――具体的には一九世紀末から二〇世紀初頭の古典的社会学――の考え方について、あえて大きな共通項を取り出してみようとすると、〈「社会」とは、それ自体の自律的な論理をもち個人を大きく規制するような「物象（モノ）」である〉というとらえ方が指摘できるだろう。

そこにみられる問題意識はたとえば次のようにまとめられる。産業革命と市民革命という二つの大きな変革をきっかけに社会は封建的身分制的社会から近代の市民社会として新しく生まれ変わるはずだった。この質的変化がスムーズにいき、ルール社会としての公準がきちんと実現したのであったら、おそらく社会学は必要とされなかったかもしれない。しかし歴史的現実はそう簡単にはいかなかった。階級対立や対外戦争の激化、さらには人間関係次元での秩序感覚の喪失（デュルケームはそれを「アノミー」と名付けた）は、〈いったい（市民）社会とは何なのだ？〉という疑念を生み出したに違いない。もう一度近代市民社会をとらえ直す必要がある、そのためには個人の意識や主観には還元できない〈社会そのもの〉の論理をつかみとらなければならない。――初期の社会学者の基本的な態度はこのような感覚として理解できるのではないだろうか？

デュルケームの客観的学問としての社会学観

たとえばフランスの代表的古典的な社会学者であるエミール・デュルケームの場合――彼はジンメルと同じ年（一八五八年）に生まれ、ジンメルより一年前（一九一七年）に亡くなっている――をみてみよう。彼の社会認識のスローガンはずばり「社会をモノと同じように考察せよ」である。

彼は有名な『自殺論』（一八九七年）のなかでこういっている。自殺は一見とても個人的で主観的な出来事のように理解されるが、実はそうではない。自殺は個人を越えた「実在的な力」によって引き起こされる。「実在的な力」というのはたとえば「各民族には固有の自殺率がある」という事実や「結婚生活、離婚、家族、宗教社会、軍隊」などの「事態や制度」である。そしてデュルケームはこう宣言する。

「かりに個人がこの力（＝実在的力のこと：引用者注）を生み出す結合に一つの要素として参加するとしても、この力が形成されるにつれて、それは個人の上に拘束をおよぼすようになる。こうした条件を考えれば、社会学がいかにして客観的でありうるか、また客観的でなければならないかが、よく理解されよう。というのは、社会学は、心理学や生物学が取り扱っている実在におとらない明確な確固とした実在を、対象としているからである。」

（デュルケーム『自殺論』序文）

ここに当時の自然科学と同型の科学としての社会学構築への思いが象徴的に映し出されている。社会とは個人の主観や意識を越えた客観的事実であり、だからこそ客観科学の対象となることができる。客観的対象物としての社会をそれにふさわしいかたちで客観的に分析することが社会学の課題である、というわけだ。

ヴェーバー・社会は「鉄の外枠」

次にマックス・ヴェーバー（一八六四～一九二〇年）の場合はどうか。彼はデュルケーム、ジンメルよりは六歳年下だが、ほぼ同時代人といってよい。ヴェーバーの場合はデュルケームとは違って自然科学に相当する客観性を求めるというよりは、自然科学とは異なった社会科学の科学的独自性をどう確立するかが方法論上での問題意識の核にある。しかしここの文脈で取り上げたいのは、彼の近代化論のキーワードである「ザッハリッヒカイト（Sachlichkeit）」という概念だ。ザッハリッヒカイトとはふつう「事実性」あるいは「物象性」と訳される。社会科学をかじってない人にとっては何ともやっかいな言葉だし、しかもヴェーバー（そしてジンメル）の場合、このザッハリッヒカイトにはいろいろなニュアンスが込められており、すっきり説明するのは容易ではない。しかしあえて単純化して意味を取り出せば次のようにいえるだろう。

まず、「ザッハリッヒ（＝事実的）（sachlich）」とは「ペルゼーンリッヒ（＝人格的）（persönlich）」と対をなす概念だ。ペルゼーンリッヒな関係とは、その人の人柄だけでなく、地縁や血縁、社会的身分、あるいは主観的感情などをおりまぜた関係のことだ。こうした関係が社会の構成原理になると、その社会は縁故やコネに代表される特権がまかりとおる社会になる。一方ザッハリッヒな関係の場合は、関係がもつ目的や働きに即した合理的な性質を帯びる。いわば一定のルールが共有され、ルールに即したフェアプレーの合理的関係の形成を意味する。だから官僚制の担い手に代表されるザッハリッヒな態度とは、「対象に即して、私情をまじえない」職務の遂行ということを意味する。

しかしザッハリッヒとは、そうした個人がとる態度にとどまるものではない。ザッハリッヒな人間関係が支配的になるということは、個人の主観や感情を越えた事実性によって社会関係の性格が規定されることを意味する。いわば個人の内的な意図や感情あるいは意欲を越えて社会が制度として自律化した性格を帯びることをさし、その場合は「物象化された（あるいは事実化された）」社会関係と呼ばれる。

またヴェーバーには、「意図せざる結果」という有名な考え方がある。これは個々人が主観的にもっている意図や感情を越えて、個々人の行為の集積の結果が、全体として全く意図しない状態をもたらすことを意味する。ヴェーバーは社会学の古典としてあまりに有名な『プロテスタンティズムの倫理と資本主義の精神』（一九〇四～五年）においてこの考え方をベースに資本主義の成立を論じている。つまりプロテスタントの「予定説」の教義と「禁欲」の精神が、「意図せざる結果」として近代資本主義という合理化のプロセスを生み出したと考える。

このようにヴェーバーの社会学的思考の基本にも、社会とは個々人の意識や主観を越えてある物象的・事実的性格を帯びたものであるという理解がある。この考え方が当時の文化批判の文脈で語られたとき「鉄の外枠」という表現がなされたのだろう。

ヴェーバーは次のように語る。

《近代的経済組織によって作り出される世界秩序は、経済活動の直接的な担い手だけではなく、こうした秩序に関わるすべての諸個人を「その圧倒的な力」をもって「歯車装置」の一部分としてしまう。このことはいまでもそうであるし将来もそうだろう。「化石化した燃料の最後の一片」としての人間が燃え尽きてしまうまで。》

社会的制度という「外物」は「いつでも脱ぐことのできる薄い外衣」ではもはやない。それは鉄の格子のように「かたい外枠」となってしまったのである。

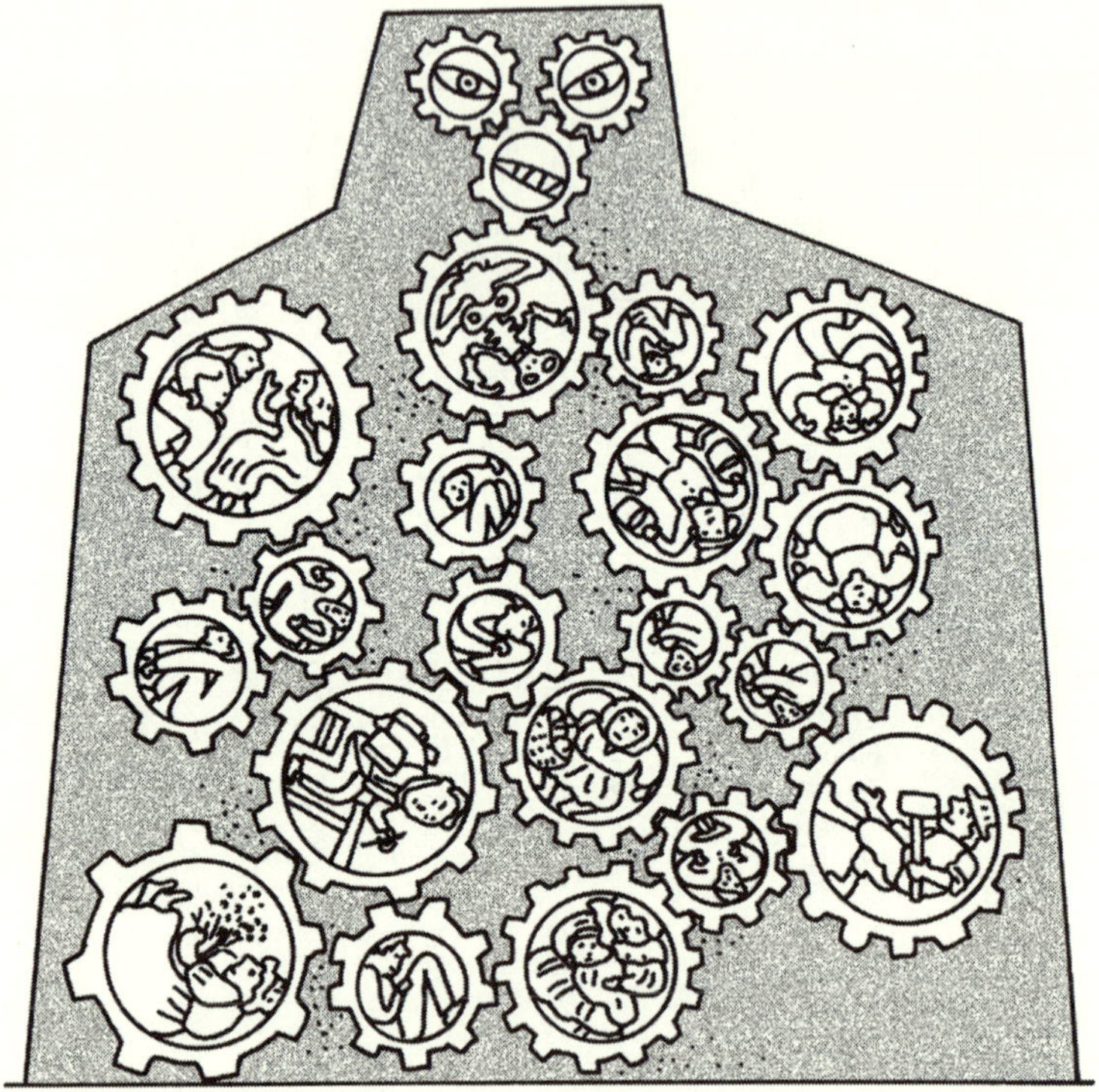

◆ヴェーバーの近代社会のイメージでは、人びとは無意識のうちに社会の歯車と化し、社会の全体的メカニズムに取り込まれている

『プロテスタンティズムの倫理と資本主義の精神』（以下『プロ倫』と略記）の末尾にこのように描き出される近代社会のイメージは限りなく暗い。そこに描かれているのは、竹田の描く〈共有されたルールにもとづくゲームの場〉としての社会というイメージとはほど遠い世界だ。竹田が整理した社会観が近代哲学のエッセンスを抽出《ちゅうしゅつ》したものだとすると、ヴェーバーが描く〈個人の生を制限し限界づけるそれ自体の力と論理をもった「物象（モノ）」としての実在〉という社会概念は、その後の社会学が帯びる社会イメージの一つの典型を形作っているといえる。

ヘーゲルの『精神現象学』（初版一八〇七年）からヴェーバーの『プロ倫』まで、約一〇〇年の歳月がたっている。この間に「社会学」が成立し近代哲学とは大きく異なる社会像が形成された。そして社会学は自らの〈母〉である哲学から独立し、「科学」という名に値する学問としていかにして自立するかに腐心することになる（実は、ジンメルもそうした専門科学としての社会学の確立に尽力した最初期の人ということになっている）。

近代哲学から社会学へ――社会とは何かをめぐるこの〈認識論上の離陸〉は、いったいどのような意味と問題をはらんでいたのだろうか。このことを中心に次節では、ジンメル自らが「社会学の根本問題」と呼んだ事柄の内容を検討することによって、近代以降の社会は果たして人間の生活から生き生きした「生」の実感を奪い取るような「鉄の外枠」なのか、それともそれ以外の可能性をもっているものとしてイメージすることができるのかについてもう少し考えてみたい。

第二節　社会と個人のせめぎ合いは克服できるのか

さて、その名もずばり『社会学の根本問題』という題名の書物をジンメルが発表したのは、彼の死の前年の一九一七年である。論文集『社会学』を一九〇八年に世に問うてからは彼はしだいに「社会学」の領域からは遠ざかり、美学や哲学関係の論文を主に書いていたのだが、最晩年にもう一度自らの社会学のエッセンスを書き記したのが、この『社会学の根本問題』だ。

「社会」が個人に要求する役割

その第四章に「十八世紀及び十九世紀の生の見方における個人と社会（哲学的社会学の一例）」という章がある。その冒頭で彼は〈社会と個人の原理的対立〉について語っている。

「社会についての固有の実際的問題は、社会がもつ諸力や諸形式と個人という固有の生との関係にある。」

社会という全体が個人に対してそれ自身のさまざまな圧力をかける一方、個人自身は自らを一つの全体的存在として、かけがえのない一回限りの生として全く個性的なユニークな存在として位置づけようとする。その間の対立のことを彼は指摘している。

この対立は、まず自律化した制度としての社会が、絶対的なものであるかのように私たちの「生」に迫ってくるというかたちでやってくる。その基本には——前節でも指摘したが——〈「生」

に対するルールの先行性〉という事実が存在する。私たちは何もルールがないところから一から社会を作り上げるという経験をしているわけではない。より複雑なルールや諸制度がすでに機能している状況に、私たちは生まれ落ち、そうしたルールの強制的な通用力を（いったんは）うのみにさせられる体験を「親のしつけ」「学校の教育」などをとおしてもっている。しかも近代社会にはさまざまな制度や機関が形成され、身につけなければならないルールや常識が複雑に織り込まれている。しかも制度の複雑性は、社会が現在に近づけば近づくほど高まる。

そしてこのことは、社会が全体的制度として個人の「生」に物象的な客観物として外側に対立しているという事態だけを指すのではない。実は社会と個人の対立は「個人そのものの内部」で起こっていることが問題なのだ。

それはつまりこういうことだ。人間はさまざまな複数の社会的役割を担って生きる存在である。あるいは役割という社会的概念には還元できないような「［生まれついてもつ］衝動や関心」（［　］は引用者の補足）を帯びた存在でもある。問題はそうした役割の一つひとつは、人間の能力や意欲を丸ごと要求したり実現したりするものではなく、そうした諸力のごく一部を要求するものが多い。しかも身に帯びる役割が相互に矛盾し、異なる性格の要求が一個人に複数つきつけられることも多い。*

＊たとえば、いまの私はまさにこの状況にはまっている。ほんとうはこの本を、二番目の子供が生まれる前に書き上げるはずだった。そうすればいま抱えている問題はなかったのだが、「のろまな亀」の私にはそれが不可能だった。おかげで、〈できるかぎり本の執筆に専心する〉という対外的役割と、

〈父親としてできるかぎり子育てに関与する〉という家庭内役割との矛盾のまっただなかを生きざるを得ない。しかし、私にとって幸いなのは、この二つとも私の内的な欲求や関心と全く矛盾しないということだ。つまりどちらも私にとってはほんとうに関わりたいことなのだ。ただ「時間」という限られた資源の配分をめぐって二つの社会的役割の間に矛盾が生じているというだけなのだが、この矛盾は思いのほか深刻なのだ——以上原稿の遅れの言い訳です。

社会の求めるものと個人の欲求の葛藤

さらに事態を深刻化させるのは、身に帯びている複数の役割どうしが葛藤を引き起こすだけでなく、そうした役割が自らの「衝動や関心」と矛盾する場合である。つまり自分のなかでどうしてもそうした役割を受容することができず、これは〈ほんとう〉は私が果たすべき役割ではないという思いから自由になれないとき、人は社会によって自分自身が損なわれているという思いを強くするとジンメルは考える。

こうして社会と個人の矛盾は「個々の『生』が帯びる一般的形式の問題」だということになる。つまり時代や文化の違いを越えて、人間が社会を為して生きている限り抱えこまざるをえない普遍的な問題だというのだ。

「社会は一つの全体、一つの有機的統一体であろうとし、各個人を単なる手足としようとする。出来れば、各個人は、手足としての機能に全力を傾け、この機能のもっともふさわしい担い手になるように、自分自身を変えていかなければならない。しかしこの役割に対して、個人自身がそれ自体で持つ、統一性及び全体性への衝動が抵抗をみせる。個人は全体的社会の完成を助けるだけではなく、自分自身の完成をも欲する。社会［全体がもつ］の利害が個人の諸能力に対して［社会的役割の担い手としてふさわしいかたちへの］変更を要求しても、個人は自分の諸能力の全体を発揮することを欲する。成員に対して部分的機能という一面性を要求する［社会という］全体と、自分自身も一個の全体たろうとする部分［である個人］との間のこの葛藤は、原理的に解決することは出来ない。」

（ジンメル『社会学の根本問題』第四章、［　］は引用者の補足）

全体としての社会はあくまでその部分的手足としての役割を個人に期待する。しかし、個人もまたそれ自身で自分の多様な諸能力を活かそうとする〈全体的存在〉であるとする。「全体性」「統一性」に対する個人の欲求が社会との葛藤を生み出す。ジンメルはこのように考える。

ヴェーバーもまた基本的にはこうした図式のもとに社会と個人の問題を考えているといえよう。しかも、前に指摘した『プロ倫』末尾のヴェーバーの議論では、社会の要求に完全に屈服した人間存在の卑小《ひしょう》さがペシミスティックに描き出されている。

〈全体としての社会が、機能的役割遂行の部分的存在として個人を位置づけようとする。その結果個人の生が歪められおとしめられている〉――ジンメルの考えにしたがえば、社会学の成立期の「根本問題」は、このような認識に立った社会批判の視座を用意した。

◆社会は部分として個人を従属させようとするが、個人は自己の主体性を主張しようとし社会と対立する

「社会と個人の矛盾」は近代に固有のものか

さて、問題はこうした社会—個人図式がもつ今日的意義である。

こうした見方には当然反論もいくつかある。そのなかでも有力な批判の一つがマルクス主義的社会理論の立場からの批判だ。

いま私が説明した古典社会学の社会—個人問題は、その問題が最も激しい矛盾の様相をみせているのが近代だという時代認識には立つものの、基本的にはこの矛盾は個人と社会との間の「一般的な形式」として普遍化されてとらえられる。つまり人類が社会を為して「生」を営む限り根本的なところではなくならないような問題として位置づけられている。

そうした見方に対して、かつてマルクス主義の立場からは次のような批判がなされていた。

《生と社会的形式の間の矛盾というかたちで一般化してとらえているから解決の糸口が見えてこないのだ。社会と個人の生の矛盾問題は、近代に固有の社会関係の産物である（その意味で「特殊近代的」な）資本—賃労働関係の問題として解かなければ解決の糸口は見えてこない。》

つまり社会—個人問題は、人間にとって普遍的問題であるかのように一般化してとらえるのではダメで、近代社会に固有の階級関係に根ざすものとして理解してはじめてその解決の糸口も見えてくるという理解だ。そして社会—個人問題を普遍的問題として一般化してとらえる社会学も「ブルジョワ的本質」をもっているとされる。

「社会学はブルジョアジーの危機意識を反映して成立しながら、そのブルジョア性の故に

「社会と個人」問題に対して有効な理論を提出することはできない。」
（北川隆吉編『社会学方法論』第二章）

しかしこうした主張は近代資本制社会を生きざるを得ない私たちにはちょっと酷ないい方にも聞こえる。マルクス主義のいい方は、極論すれば、資本—賃労働関係そして商品—貨幣関係が「止揚」されない限り、社会と個人の矛盾は解消されることはない、という考えをベースにしている（「止揚」というのは何とも飲み込みがたい概念だが、要は無理やり廃棄したり無理やり捨て去ったりするのではなく、そのままのかたちではもはや現実性を失っている当のものが、全く別の高次のかたちにとって変わって存在するということと理解できる。だからかたちが変わってもそれ以前の形態がもっていた性質は——とりわけその積極的な意義は——発展的に保持されるということになる）。しかしこうした理解では、とりあえず「ブルジョア社会」の内部に生きるしかない私たちには、社会と個人問題の解決の糸口は見えてこない、ということになる。

さらに逆の方からちょっとひねった見方をしてしまえば、資本主義が止揚されさえすれば、社会と個人の矛盾問題は解消されてしまうということになる。しかし、社会の全体性と個人の「生」の要求がまったく矛盾なく解消されてしまうことが本当にあるのかどうかは大いに疑問が残るところだ（このことについては次の章で論及する）。

ジンメルの観点からすると、社会と個人の矛盾問題がゼロになるという日は（おそらく）永遠にやってこない。しかし、いろいろな条件——たとえば、個人を支える社会的制度の変化や個人そのものの意識のあり方の変化——によってできるだけ矛盾を少なくすることは可能だということになる。しかもそれは近代の社会関係を前提にして充分可能であり、私たちはマルクス主義の立場とは違って、「貨幣」と「(社会的)分業」のただなかを生き、その超越(=止揚)を想定することなく、この問題に立ち向かわなければならない、ということになる(ちなみに、ジンメルには「資本制《カピタリスムス》」という概念はない。近代の独自な社会的形態を表現する彼自身の表現としては、「貨幣と分業の歴史的統一」としての〈近代〉という『貨幣の哲学』での理解が最もふさわしい)。

自由・平等社会が実現されないことへの違和感

ジンメルが提起した社会―個人問題のモチーフは私なりに解釈すると次のようにいえる。それは、当時ようやく自らを自由で個性的な存在であることを自己理解しはじめたふつうの人びとが、自由と平等が実現されるはずの近代社会がこの二つの理念をストレートに実現しないことに対して、こんなはずではないと直観した違和感を代弁している。この違和感が、論理的・学問的形をとって表現されたものが社会学であると考えられる。ジンメルが直観した社会―個人問題というのは、いわば自分らしく生きたいという現代人の実存感覚に根ざしているともいえる。つまりジンメルに代表される近代の古典社会学が問題にしたような社会―個人問題というのは、近代における個人の〈生きがたさ〉の学問的表現であるともとれる。

しかし、ジンメルがまとめたような社会―個人問題の定式化はそれ自体問題を含んでいたことも事実である。ジンメルの〈相互作用論的社会観〉は、ヴェーバーの悲観主義的な社会観とは異なる社会イメージを構想する可能性をたしかに有していた。しかし一方、彼の「社会―個人問題」の理解——それはいわば時代診断的色彩の強い理論である——は、ヴェーバーの「鉄の外枠」的社会観と重なる性格をもっていたこともまた事実である。

ジンメルはとくに文化論の文脈において、社会や文化の「結晶化」あるいは「物象化」という用語を用いながら、いったん生成された秩序や規範、文化様式が固定化し定在化することによって、それらが「生の必要」から切り離され、それ自身の論理をもつことによって、「生」そのものを制限したり抑圧したりする側面を強調している。

私の考えによれば、ジンメルとヴェーバーに共通する時代診断は、近代哲学が提起したルール社会観が、現実の文脈では充分に展開できなかったことへの「反動（リアクション）」として、〈社会の動かしがたさ〉をあまりに強調する側面が強すぎる傾向をもつという問題を抱えている。それは先にみたヴェーバーの近代社会批判のスタンスにも反映されている。つまりこれは、近代においてルールの理念がそのままのかたちで現実化しないことへの失望を引き受けすぎた理論となっているように思う。

たしかにヴェーバーやジンメルの「時代診断」は彼らが生きている時代、そしてその直後の世界史的展開においては「まさにそのとおり」といえるようなものでもあった。

二〇世紀の前半という時代は、次のように簡潔に振り返ることができる。第一次世界大戦の終了後も、平和への気運は民主主義的な手続きからファシズム体制が生み出されることによって、もろくも崩れ去り、人類は第二次世界大戦という惨禍《さんか》も経験し、さらに戦後は社会主義という理想社会実現のための社会計画が、スターリズムという鬼子を生み出すことになった。そうした状況を考えれば、ルールの下での平等という理念は、さまざまな差別の根強さなどによってとても実現されるものではなく、また権力装置としての国家は、ルール設定やルール変更の主体は社会の成員であるという考えを無化してしまうような「特権的」制度として私たちの生活を「上から」規制しているのだ……。私たちはややもするとついこのような視座からの近代批判に向かいがちだ。

社会は動かしえないものではない！

しかし、そうしたある意味では「定型化」された近代批判は決定的な何かを欠落させているのではないだろうか。ひと言でいえば、こうした見方からは、とりわけ現代の先進資本主義国において私たちが経験している社会的成熟の側面が見落とされてしまうということだ。

ここでちょっと私たちが生きている日本社会を想定してみよう。現在、日本社会はさまざまな矛盾や問題を抱えている。ごく近年に起こったトピカルな事柄を取り上げただけでも、エイズ問題、大病院を中心に起きる医療ミス、官僚の不正、金融界の激震、企業社会に吹くリストラの嵐、教育問題の噴出など、庶民の感覚からすれば「何なんだこれは」と思わずいいたくなるような「社会問題」が次から次へと生じている。しかもそうした問題がなぜ起こったのか、今後似たような問題が起こらないような対処がどのようになされたかなどについても不透明なままの場合が多い。経済システムにせよ政治システムにせよ、庶民がある改革に対する明確な達成感や効果的な実感をもってその意思決定に関与するチャンスがあまりに少ないということがいえる。

しかし、どうだろう。たとえば一〇〇年という時間の流れを仮にとってみよう。いまから約一〇〇年前の明治の三〇年代から四〇年代の庶民が、果たしてどれだけの活動の自由の可能性や政府や経済システムに対して異議を申し立てる力をもつことができただろうか。当時、日清戦争、日露戦争を経て日本は「近代国家」としての力を大きくつけていく。しかし、国家の近代化は、一人ひとりの国民の「生」の可能性を大きく限定したかたちで展開されたのが、少なくても太平洋戦争までの日本の「近代化」の姿であった。しかし敗戦を境に日本は、生活レベルの自由な活動可能性を少しずつ押し広げるかたちで社会が変化してきているといえるのではないだろうか？*

*ごく最近の出来事をランダムに指摘してみれば、たとえば、飲酒運転のトラック運転手が引き起こした悲惨な交通事故が大きく報道され社会問題化した結果、飲酒運転に対する罰則が強化されたり、粘り強い活動の結果、ハンセン病患者が権利を回復したり、ストーカー防止条例が制定されたり……このようなかたちで生活者の視点からの活動の積み重ねで「社会」を変える可能性は、日本において徐々にではあるが広がってきたと思われる。

私は、日本社会が充分に民主主義的成熟をみた開かれた社会であるとか、ほかのどの国よりも成熟しているとか、歴史的発展の頂点をみているなどというつもりはない。そうではなく、日本という社会においては可能性としては、社会的ルールの決定や変更に対して大衆が少しずつ関与できつつある状況が作られつつあること、社会は「壁」や「檻」というよりは、日常的な人びとの相互作用の過程のなかで少しずつそのかたちがズレながら再構成されていること――こうした認識が現実的な妥当性をもつということである。

近代批判の限界

もちろん日本社会が単線的に〈ルール社会としての近代のあり方〉に近づいていくという予測は楽観的すぎるだろう。さまざまな揺り戻しやその都度発生する新たな問題が生じる。しかしそうした揺り戻しや新たな問題にどのように対処できるかということを現実的に考えるためにも、まず社会の原イメージが動きうるもの、あるいは動かしうるものというかたちでとらえることが必要なのだ。

古典社会学における社会—個人問題が私たちに喚起した問題は、社会の自律的性格でありその動かしがたさである。しかし二一世紀の社会観としては、そうした社会の物象的性格をも射程に入れたかたちでの社会の動的性格への〈信〉に根づいたイメージが求められる。

ジンメルは社会が帯びるそうした二重性をかなり意識していた。だから私は、社会の動かしがたさ、物象的性格を強調した社会—個人問題の提起の重要性を踏まえながらも、そのイメージを融解《ゆうかい》させる論理を彼の〈相互作用論的社会観〉にみようとしているのだ。つまり、社会の物象的側面に危機を感じながらも、社会の相互作用的側面を重視するジンメルの社会観の現代的意義を強調したい。ルールの束としての社会を全く変更不可能な実体としてとらえるのではなく、それは人びとの日々の相互作用によって〈再認〉されることによって妥当し、日々の相互作用の積み重ねによって少しずつ変わっていくという社会の「過程性」に着目したイメージが、いまほんとうに求められているし、そうした認識の現実的妥当性もかなりの程度整っていると考えられるのだ。だからこの作業は〈ジンメル（の相互作用論的社会観）によって、ジンメル（が描く社会の物象的性格）を乗り越える〉試みであるともいえるだろう。

さて、これまでの章で私は、ジンメルの〈相互作用論的社会観〉を現代的に再生することによって、〈私から社会へ〉の「扉」を開けるための〈知的道具《ツール》〉を彫琢したつもりである。以下の章では、相互作用の網の目に生きる私たちが、自分自身の存在のあり方と社会的関係性との微妙な関わり合いの間で揺れ動く様を、こうした知的道具《ツール》を足がかりに見つめ直していくことにしよう。

第四章　社会の成り立ちと「ほんとうの私」との関係

第一節　現代人にとっての「ほんとうの私」

自分の居場所はどこにあるのか

高校、大学（さらに大学院生）といった学生時代、私はある一つの観念に囚われていた気がする。それはひと言でいうと、「この世界で、ほんとうに自分を活かせる場所が見つけられるだろうか」という思いだ。別な言葉で言い換えれば、「あるがままのほんとうの私」を全面的に受け入れてくれるような「ほんとうの社会」はあるのだろうかという思いでもある。さらに私一人だけではなく、多くの人びとにとってそれぞれの「ほんとうの私」を全面的に認める社会がよい社会で、社会とは本来そうあるべきだという思いを強くもっていたように思う。

そのような考えからすると、自分が生きている現実（つまりは「日本の社会」として表象されるそれ）は、とてもそうした理想からはほど遠くぜんぜんダメな社会としてしかイメージできなかった。しかし、こうした思いに囚われつづけていると、だんだん生きているのが苦しくなる。だから若いころ、こうした理想からの現実批判の思いに囚われたとしても、多くの人びとは就職して社会人になっていくなかで、「世の中、そんな理想は通用しない。社会とはそこそこ生きるに値する場だ」というかたちで、多かれ少なかれ、現実の社会生活のなかにソフト・ランディングしていくのだろう。しかし、幸か不幸か三〇歳近くまで大学に残っていた私は、右で述べたような反社会的感情をかなりの純度で観念的に保持したまま生活していたように思う。

しかし、うまくいい表わせないが、二〇代の後半に「考える」という行為も「生活」そのものもにっちもさっちもいかなくなった時期に、自分自身で自分の「生」を息苦しくしているような気がしてきて、そうした自分の「生」を損なっている大きな要因が、実はこうした反社会的観念にあるのではないかという思いが自分のなかに生じた。しかしそのころは、まだそれをうまく解きほぐす思考方法が見つけ出せずにいた。

そんな私に発想の転回をもたらしてくれたのはやはりジンメルだった。とくにこの章で中心的に取り上げる「社会はいかにして可能であるか」という小論は、「ほんとうの私」あるいは「ほんとうの社会」という観念に囚われていた私の頭を解きほぐしてくれた。以下、その内容について論じてみたい。

自分をほんとうにわかってくれる人はいるか

さて、「自分探し」という言葉がある。この言葉は肯定的にもまた批判的にも理解されているようだ。肯定的にという意味は、いまの自分に満足しないでもっと自分を高めようという態度が、人生に対する積極的な姿勢として評価されるという点で。批判的にというのは、ほんとうの自分探しにこだわりすぎることによって、常にいまの自分を否定的にしかとらえられなくなり、「生」を損なってしまう危険を伴う場合があるからだ。自分探しの心性の一つの典型を、たとえば次のようにいうことができるだろう。

《いまの自分はほんとうの自分ではない。ほんとうの自分の「生」はもっと輝き充実しているはずだ。そうしたほんとうの自分に出会えなければ、せっかくのこの私の人生がなんとなくむなしく感じられてしまう。だから〈いま・ここ〉の自分を取り巻いている環境や自分を縛っている考え方のスタイルを一度全部チャラにして全く新しい自分、だれとも違う個性的な私そのものを探し直すことはできないだろうか。》

このような考え方に多かれ少なかれ囚われたことはないだろうか（ちなみに私の場合はこうした考えに囚われたことは、一度や二度のことではないような気がする）。自分探しとは「ほんとうの私」を求めるゲームであるととりあえずいえるだろう。私たちは、ほかのだれとも違うユニークな個性や主体性を発揮しなければ、生きるに値しない人生だといった価値観をいつのまにか受け入れがちだ。しかし、一方で私たちはほかの人間とは全く違う個性を発揮することなどできないということもうすうす知っている。「ほんとうの私」探しはいわば、上がりのないすごろくゲームのような性質を帯びがちだ。私たちが生きているこの現実の内側で、このゲームが「上がり」に到達することは決してない。

だとしたら「自分探し」とはしょせんムダなことであり、「ほんとうの私」とはしょせん求めてもしょうがない見果てぬ夢なのだろうか？

いや、私は必ずしもそうは思わない。「自分探し」は「『ほんとうの私』というゴールがどこかに実体的にあるはずだ」と理解される限りでは、それはかえって自分を息苦しくする袋小路に人を追いやる危険があるかもしれない。しかし〈いま・ここ〉の私を越え出て、もっと違う私を求めたいという欲求それ自体は、「(生きる) 意味を求める」存在としての人間の (ある意味では) とても本質的な側面を指し示していると考えられる。しかもこの問題がやっかいなのは、ほかの人間との関係性という項を入れて考えなければ、どうしてもよく解けない問題だということにある。

というのは、「自分探し」には多くの場合は、「ほんとうの私」をほんとうにわかってくれる他者を求めることが同時に生じることが多いからだ。したがって「ほんとうの自分」探しと「ほんとうの自分」をわかってくれる他者探しとは表裏一体なのである。しかし、いったい「ほんとうの私」とはどのように理解したらよいのだろうか？　また自分のことをほんとうにわかってくれる他者との関係とはどのようなものなのだろうか？　そもそも「ほんとうの私」、ほんとうに自分をわかってくれる他者とは果たして存在するのであろうか？——この問題をめぐる疑問はなかなか底をつかない。

「ほんとうの私」をどのように理解すればよいか

この章では、〈ほんとうの私〉という感覚と、人間が社会を為して生きているという現実的なあり方をどうつなげて考えたらよいのかということについてジンメルの考えをたたき台にしながら検討してみよう。主な素材は『社会学』の第一章の補論「社会はいかにして可能であるか」という小論だ。

「社会はいかにして可能であるか」という言い回しはちょっと奇妙な問いのように思える。これはジンメル自身もいっているように、カントが立てた「自然はいかにして可能であるか」という問いを「社会」に適用させたものだ。しかしここではカントの哲学との関係については深入りしない。「社会はいかにして可能であるか」というこの奇妙な言い回しにおいて、ジンメル自身が解きたかった課題についてちょっとこだわって考えてみたい。

一見するとこの問いは、組織や集合体としての社会の構造の生成や存立を問題にする問いのようにも見える。しかし、この問いはそういうレベルで立てられた問いではない。この問いの関心は、人がほかの人と関係をもつときの最低限の「条件」とは何かというものなのである。もちろんそのことは結果として全体社会の問題にもつながっていくのだが、少なくとも基本的には人がほかの人と関係をもつことが可能な条件への問いなのである。だからここで「社会」という語でいい表わされているものは、まず第一に人間と人間との関係そのもののことである。

この問いはまずなによりも、人が「見知らぬ他者」と出会ったとき、なんとかその他者と関係を形成していくことができるためには、どのような基礎的条件が前提になるのかということを見ていくというかたちで発せられている。これは、ちょっとみると「何でそんなこと考えなきゃならないの?」といいたくなるような問題にも思えるが、実はナカナカ面白い問いなのだ。そのことをたとえば次のような例で考えてみよう。

私たちははじめて参加する場所(入学したての学校のクラスやサークルなど何でもいい)に身を置いたり、どういう人間かよくわからない他人と交流をもたなければならなくなると最初とても緊張する。人にもよるかもしれないが、できればその場から逃げ出したくなるという人だっているだろう。しかしたいていは、何となくしだいにその場や当のメンバーになじむことによって自分もその集団の一員となっていくことができる。とはいえ、もちろん運悪くどうしてもその場になじめず、その集団やメンバーから離れてしまうことだってある。

出入り自由な集団ならそれでもいいだろう。しかし学校や職場といった、そこから外れてしまっては自分がかなりのダメージを負う集団からの逸脱は、たとえそれが自分の意志であっても大きな傷を残すことになるだろう。他者との関係をうまく作れるか、そうでないかということは人間が生きていく上でとても本質的な意味をもつ。

ジンメルがここで立てた問題は、実はこうした他者との関係をうまく作ることが可能になる条件について考察しているともいえる。

ここにはまず「他者」という存在に対するある種の見方が前提となっている。それは、ひと言でいって〈他者とは自分にとってとらえつくすことができず、ときには自分の存在を脅かす対象だ〉ということである。これは、ジンメルに固有の見方というよりは、もっと広く、とりわけ近代ヨーロッパの知識人には広く共有されている感覚だともいえる。しかもここでいう他者とはイコール「他人」ではない。自分以外の人間はすべて、つまり親や兄弟といった家族、ふだんよく見知っているはずの友人などもすべて「他者」なのである。

この感覚は日本人であるわれわれにはちょっとなじみにくいかもしれないが、それでも若い人たちには理解しやすいだろう。世代が若くなるにつれて、たとえどんなに親しい家族や友人であっても、決して互いに知りえない部分や脅かされる側面が存在することに敏感であるようだ。ジンメルの他者感覚もそれに近いかもしれない。

ここでちょっと話を広げて考えたい。ここでいう他者であるという性質そのもののことを「他者性」と呼ぶことにする。「見知らぬ他者（＝他人）」に対しては、私たちは容易に「他者性」を感じることができる。しかし、「身近な他者」についてはどうか。ややもすると私たちは相手の気持ちや価値観などを「こうである」と決めつけたり、自分と同一視したりすることはないだろうか。自分の子供のことなら何でもわかっていると錯覚している親や学校の先生、自分の息子の奥さん（＝嫁）に対して自分たち（家）の価値観に何でもしたがわせようとする（かつての？）舅や姑。いずれも「身近な他者」についてその「他者性」を忘れているか、あるいは認めようとしない例である。

さらにいえば、私たちは自分自身のことも一〇〇％わかりつくしている存在ではない。このことを理解しておくのも重要だ。かつてあれほど自分を魅了した音楽がいつのまにか色あせて感じてしまうこともある。また、以前は何とも思わなかった異性に対して自分でも知らぬ間に恋心を抱くことだってある。自分自身に対しても「自己の他者性」といういい方が妥当性をもつはずだ。

これから詳しく見ていくことになるが、「私をほんとうに理解してくれる他者」ということで、人はややもすると、他者性を全くもたない存在を求めてしまいがちだ。しかしそうなると、人は社会関係をうまく営めなくなる危険に陥りがちだ。なぜなら人間は関係の原理としてそうした他者性を排除して、他者との関係を作ることはできないからである。こうした他者との関係を支えている基本的条件を取り出してきちんと考えることは果たしてできるのであろうか？　この問いについて、ジンメルに即して見ていこう。

第二節　他者とつながるための「三つの条件」

他者をすべて理解できるわけではない

ジンメルは、他者との相互的関係が成り立つための三つの基本的条件を取り出して考えることができると述べているのだが、まず一つ目が、右で指摘した議論と直接に関係する。

社会関係が成立するということは、自分のことさえ完全には理解しつくすことはできない人間どうしが出会うわけである。相手のことをすべて理解した上で関係できるわけではない（しかしややもすると私たちはそうしたことを人間関係の理想として想定しがちである）。

「ひとりの人間が個人的な接触によって他者について得たイメージは、あるズレによって条件づけられている。このズレは、不完全な経験、不十分な視力、共感もしくは反感にみちた先入見から生じる単純な錯覚ではなく、むしろ現実の客体の性質に対して原理的な変形を加えるものなのである。」

（ジンメル『社会学』第一章、傍点引用者）

この文章は、他者と関係をもつ際に、その人の「個性」そのものや全体像そのものを知らなければ〈ほんとうの関係〉ではないと考えることの危うさ、さらにぼく（私）は彼（彼女）がどんな人間かについてほとんど知っている（または知るべきである）と思い込むことの傲慢《ごうまん》さにあらためて気づかせてくれる。

また立場を逆にみれば、私たちはややもすると他者と関係をもつ際に相手はほんとうに自分を理解してくれるだろうかとか、ほんとうに受け入れてくれるだろうかとつい期待しがちである。そうした可能性が見えそうにない場合、私たちは傷ついたり、あるいは他者との関係そのものを忌避《きひ》したい気分に駆られたりする。しかしそうしたことも、ジンメル的視点からすれば、社会関係についてのないものねだりからくる恐れのように思えてくる。

人間とはそもそも他者について、「完全な知識をもつことが拒まれている」ことが前提なのだ。人間の社会関係は、多かれ少なかれ「一般化されたカテゴリー」において他者を理解することが前提になっている。このようにとらえられた他者をジンメルは「一般化された他者」と呼ぶ（この概念は、アメリカの社会学者G・H・ミードの自我論によって有名になった）。

「一般的カテゴリー」というとらえ方

高校や大学、あるいは就職したての職場での、春の恒例の「自己紹介」を思い出して欲しい。まずは名前、そして出身（校や地域）やこれまでの所属（部活動や所属部署）、趣味、ちょっとした人物寸評といった内容が自己紹介のスタンダードというところだろうか。

その、自己紹介が大好きという人に私はあまりお目にかかったことはない。私自身も自己紹介をしなければならない場面に出くわす度に、何か面はゆい感じを拭いきれない。どうしてだろう。おそらくそれは、「いま自分が述べていることは何か『ほんとうの私』には届いていない、たんに自分の表面をなぞっているにすぎない」という感じをもつからではないだろうか？　しかしこの「ほんとうの私」というものを他者に伝えようとしたり、自分自身に対して言葉で表現しようとしてもうまくいい表わせないという感じから、私たちはなかなか自由になることはできない。

ジンメルは、このことが実は人間が他者と関係をもち、それを維持、継続していく際に免れることのできない「条件」であると述べる。私たちは出会う相手を「一般的なカテゴリー」のもとでとらえようとする。もちろん、このカテゴリーは「彼（女）自身を完全には覆いつくさないし、また彼（女）もこのカテゴリーを完全には覆いつくさない」。決してあるがままのほんとうのその人そのものというものはとらえることができない。むしろそうしたあるがままの人間どうしの関係の形成をいわば断念することによって、「社会は可能に」なっているのだ。

「士官、教会の信徒、官吏、学者、家族成員、これらの人びとの圏のなかで各人は他者を、その人もまた自分の圏の成員であるという自明な前提のもとにみる。」

「ある市民がある士官と知り合いになったばあい、その市民はこの個人が士官であるということからどうしても自由になれない。」

（共に、ジンメル『社会学』第一章）

私たちはややもすると、こうした社会的役割に囚われないあるがままのその人そのものを理解した上で他者と関係をもつことが、あるべき正しい社会関係形成のありかただと思ってしまいがちだ。しかしそのような考え方にこだわってしまうと、他者との関係はうまく成立しなくなる。「一般的なカテゴリー」に照らして他者を理解することは社会関係の形成の原理的な態度だとジンメルは考える。

あるがままの個性そのもの（ジンメルの表現によれば、「人間のありのままの個人的な現実的な規定という考え」、つまり何にも影響を受けない「ほんとうの私」）を理解しようとする態度は、たしかに私たちの理念的態度としてしばしば見受けられるものであるが、現実には実現しない理念であり、私たちの社会はそうしたものどうしの関係を構築することはできないと彼は考える。

人格の固有性

しかしだからといって、〈人間とは状況状況において期待される役割を演じるだけの存在であり、その人そのものの「個性」とか「主体性」とかは実はどこにも存在しない、つまり人間とはたんなる役割の束であり、また「人（パーソン）」とはその語源的由来のとおり「仮面（ペルソナ）」である〉ということが、ジンメルの主張のポイントなのではない。こうした考え方は、わが国の社会学の世界でも、一九八〇年代に入っていわゆる「ポストモダン」思想が流行したのとちょうど同じころ、主にゴッフマンの理論などを援用するかたちで主張されたものである。このような考え方はたしかに、人間の「個性」や「主体性」を素朴に実体化して理解し、そうした概念の検討を全く行なわないような理論よりは一歩進んでいるかもしれない。しかし〈人間の主体性や個性なんて古くさい観念であるにすぎない、そんなものは近代啓蒙主義が生み出した幻想だ、人間とはしょせん役割期待にしたがって仮面をつけかえる役割演技の遂行者にすぎないのだ〉と決めつけることにも大きな問題がある。私はこうした見方を〈状況主義的役割人間観〉と呼んでいるが、その問題点は次のことにある。つまり、「主体」「個性」「かけがえのない生」といった発想をすべて否定するそうした考え方は、個性や主体性あるいは自分らしさを現実の生活のなかで求めようとする人びとの微細で真摯《しんし》な積み重ねを無化するような視線に転化する恐れを秘めているのだ（事実日本における「ポスト・モダン思想」は、これまでの既製の理論にバッテンをつける力はもっていたのかもしれないが、そこから何か積極的な社会的ビジョンなり人間観なりを提起できないまましりすぼみになってしまったようだ）。

さてそれでは、状況主義的役割人間観とジンメルの人間観とはどこが違うのだろうか。

まず第一にジンメルは、社会的役割関係が決定的に重要であると考えながらも、それを状況主義的には理解せず、あくまで「人格」の固有性（とりかえがたさ）という発想を放棄していないという点に大きな違いがある。しかしジンメルは「人格」を社会的役割とは全く別のところに存在する自我の実体的核のようなものとしてはとらえないのだ。

「われわれが［ある人間の］人格のイメージを形成するのは、まさに［彼（女）の］人格の完全な唯一性からであるが、このイメージは彼（女）の現実と同一ではないが、それにもかかわらず一般的な類型でもない。」（ジンメル『社会学』第一章、［ ］は引用者の補足）

私たちは、ほかの人間についてはもちろんのこと、自分自身についてもそれ自体のトータルな全体をそのまま表現することはできない。私たちにとって自分自身は「断片」としてのみ現われるとジンメルは語る。ジンメルのいう「断片」という事態を、たとえば次のように考えることができると思う。

「私とは何か」と自分に問うたとき、「私は音楽が趣味の○○会社の社員だ」、とか「結婚して子供が二人いる○○会社の主任だ」というかたちで答えるしかない（先に指摘した「自己紹介」の例を思い出してほしい）。私とは何かを他者に伝えようとする場合に私たちは自分をかくかくしかじかの特徴をもった人間であるといったかたちで、自分が帯びるある種の特徴を切り取ることによって、つまり「断片化」することによってしか伝えることはできない。このことは逆に私たちが他者を認識する場合にも同じである。私たちは他者が絶えず呈示する断片的な表情や社会的な役割にもとづく彼の振る舞いに即して他者を理解する。彼らが意識的または無意識的にみせるそうした振る舞いの断片をとおしてしか、彼らを理解することはできない。

しかしここで注意しなければならないことは、私たちはふつう、そのようにその場で直接表現されたものだけでその人を理解してはいないということだ。

断片からある全体性を彼（女）のうちに見い出す

たとえばこのことを、「論理学」でよく引き合いに出される「クレタ人のパラドックス」を例にとってもう少し考えてみよう。

よく知られているように、このパラドックスは「すべてのクレタ人は嘘つきである」と一人のクレタ人がいったとすると、この命題の真偽の判断は決定不能に陥るというものである。

つまりこういうことだ。仮に、この命題が真であるとすると、すべてのクレタ人は「嘘つき（＝偽の発言をする）」であることになり、したがってこの命題を語った「一人のクレタ人」のいうことも「偽」（つまり「すべてのクレタ人は嘘つきではない」）ということになる。この結論は、前提（＝「すべてのクレタ人は嘘つきである」）と矛盾してしまう。

逆の場合を考えてみよう。「すべてのクレタ人は嘘つきである」が偽である場合は「すべてのクレタ人は嘘つきでない」ということになる。したがってこの「一人のクレタ人」の言明も真でならなければならない。しかしそうなると彼がいった「すべてのクレタ人は嘘つきである」が真でなければならず、またもや矛盾が生じてしまうのだ。

この命題の真偽は「論理学」の問題として、つまり純粋に言葉の論理的な使用の正しさを問う問題として考えれば、たしかに決着がつかない難問中の難問となる。しかし現実の生活場面において私たちはこのようなかたちで相手のいっていることの真偽の判断がつきかねるということはほとんど考えられない。

それはなぜだろうか。簡単にいえば、こうした場面において彼の「人格」の理解にもとづいて判断するからである。とはいえ、ここでいう人格とは決して人間の内面に秘められている実体的な何かを意味するのではない。むしろ現実の人間関係のなかで理解され、予測することができるとされる彼（女）の常日頃の言動やそこからかいまみることができる価値の性向である（ここでいう価値の性向とは、この人は何を大事なことと思い何を軽視しているかなどについてその人が示す精神的な傾向を意味する)。

先のクレタ人の例でいえば、私たちはそのクレタ人を彼が表出する言明そのものだけで判断することは決してない。彼とすでに面識があれば、それまでの彼の言動から彼のいっていることの正否を直観するだろうし、初対面であれば彼のいっているちょっとした表情やいい方から彼のいうことがほんとうかどうかを判断しようとするだろう。

もちろん知り合ったばかりのときは、私たちは、たったいま相手によって表現された情報だけで、その人を判断するしかないだろう。しかし、たとえそうであっても相手の言動の真偽を判断しようとする際、彼はこれまでの対人関係でのさまざまな経験に照らしながら相手の「人格」を判断しようとするだろう。もちろんその際に誤解や見当違いを引き起こすこともある。

とはいえ、あくまで人間は他者の理解において、他者が〈いま・ここ〉で呈示する役割的側面を焦点にしながらもそこで直接的に示される情報を越えて、相手を何がしかの「人格」として理解する。だから、関係を深めるにつれて、つまり心的相互作用の頻度と度合いが深まるにつれて、人は端的に〈いま・ここ〉に表現されている彼(女)――つまり〈いま・ここ〉での役割行為の担い手として――以上の彼(女)を見てとる。いわば断片から、ある種の「全体性」を彼(女)のうちに見い出すのである。それが「生の実際」において日々行なわれていることだ。こうして見い出された〈その人そのものの性質のようなもの〉と理解されている何かをジンメルは「人格」と呼んでいる(〈状況主義的役割人間観〉にはこうした人間の「人格」に対する理解は全くない)。

このことは何も相互作用の相手、つまり他者にだけあてはまるのではない。自分自身をどのような人間と考えるかということもまた「他者のまなざし」によって大きく影響されるかたちで作り上げられる。もっと正確にいえば他人は自分をこのようにみているらしいといった「他者のまなざし」に対する自己自身の理解の態度（＝自己了解）が当人の人となり、つまり「人格」を作り上げているのだ。

〈第一の前提〉としてジンメルのいっていることをまとめると、ジンメルにとって他者とはかならず類型化されたかたちで認識されるものであり、しかもそのことは自分自身を他者に呈示する場合にも避けられないということである。人間はお互いに何らかの社会的役割というカテゴリーを通じて出会うのであり、そうした社会的役割を一切捨象した「ほんとうの私」と「ほんとうの彼（女）」が直接に結び付くことは原理的にありえない。しかしながら、人間は決してその場その場の状況における役割に還元されつくされてしまう存在ではなく、役割の束以上の性質、つまり「人格」を有するものとして互いを認めあっている。またそうした関係が成り立つことによって社会は可能になるのである。

社会を可能にする第二の条件——人間の存在の二重性

さて、次に社会（関係）を可能にする第二の条件をみていこう。それは、次のような命題によって表現される。

「集団のそれぞれの要素［つまり人間］はたんに社会の部分であるにとどまらず、そのうえになお何ものかである。」

人間は社会の構成要素ではあるが、同時に社会の構成要素以外の存在でもあるとここでジンメルはいっている。

さしあたり、この問題をジンメルにおける社会の「内部—外部問題」と表現することができるだろう。常識的な社会イメージでとらえる限り、ジンメルがいおうとしていることは論理的に成り立たないようにも思える。つまり社会を実体的な空間的表象でとらえて考える場合、社会の外部に人間が位置するというのはどう考えてもヘンだからだ。たしかに社会には人びとが生きている「場所」あるいは器《うつわ》というイメージがつきまとう。たとえば、日本の「社会」というと、私たちの頭のなかには人工衛星か何かから日本列島全体を見下ろしている自分がイメージされ、その視点に立ってズームアップすることによって、活動している人間たちがみえてくるという感じでとらえられる場合も多い（本書第二章参照）。こうなると、ジンメルがいう社会の内部に位置すると同時に外部にも位置する人間といういい方は理解不可能になる。

しかし「社会」という語をこのような鳥瞰する視点からは理解せず、〈いま・ここ〉で繰り広げられる他者との相互作用そのものを意味し、日々繰り広げられる人と人との「目立たない」相互作用そのものととらえると、ジンメルのいいたいことがはじめてよくわかる。そこで問題になるのは、社会を空間的に実体化してとらえる社会理解とは異なる〈相互作用論的社会観〉のメリットとは何かということである。それはひと言でいって、この見方は、一人ひとりの人間が他者との関係性や社会全体との関係を自分の問題として考えるにはどうしたらよいのかという問いに対する基本的な理解を提供してくれるというところにある。

その理解とはどのようなものなのだろうか。これはすでに第一の条件のところでも説明したが、私たちの出会いは何らかの社会的カテゴリーとしてしか実現できないが、しかしながら人間は、そうした社会的カテゴリーに還元しつくしてとらえることもできない存在だということである。

複数の社会的役割を担った存在

第一章でもみたとおり、ジンメルにとって社会とは相互作用のプロセスそのものであり、常に〈いま・ここ〉で繰り広げられる関係の網の目を意味する。人間どうしの行為の相互的なやり取りが次々に起こることによって生じる「しなやかな微細な関係、つまりしなやかな糸」――それが社会なのである。そのプロセスにおいて人間は、いわば相互作用の「要素」としての振る舞い方を期待される。この要素としての振る舞い方の総体がいわゆる「役割」であり、社会的相互作用は期待される役割行為を演ずる担い手どうしの限定された行為の連鎖によって可能になる。

このことをわかりやすく図に描くと左のようになる（ここでは会社を例に図示）。

具体例で考えよう。授業という場を想定する。さしあたり大学などの講義の場を考えてもらってもよい。ふつう、講義は少人数で行なうゼミナールなどと違って、教師から学生への一方的な働きかけであるといわれる。しかしよく考えればすぐわかるようにこれはれっきとした相互作用なのだ。たしかに発話という点に関しては講義時間のほとんどを先生の側が行なうのであるから一方的ではあるが、学生の側も聴講者として期待される行為はずいぶん制限を受けている。いわば社会内的存在としての役割を期待されている。したがって立って自由に歩くことも、となりの人と自由に会話

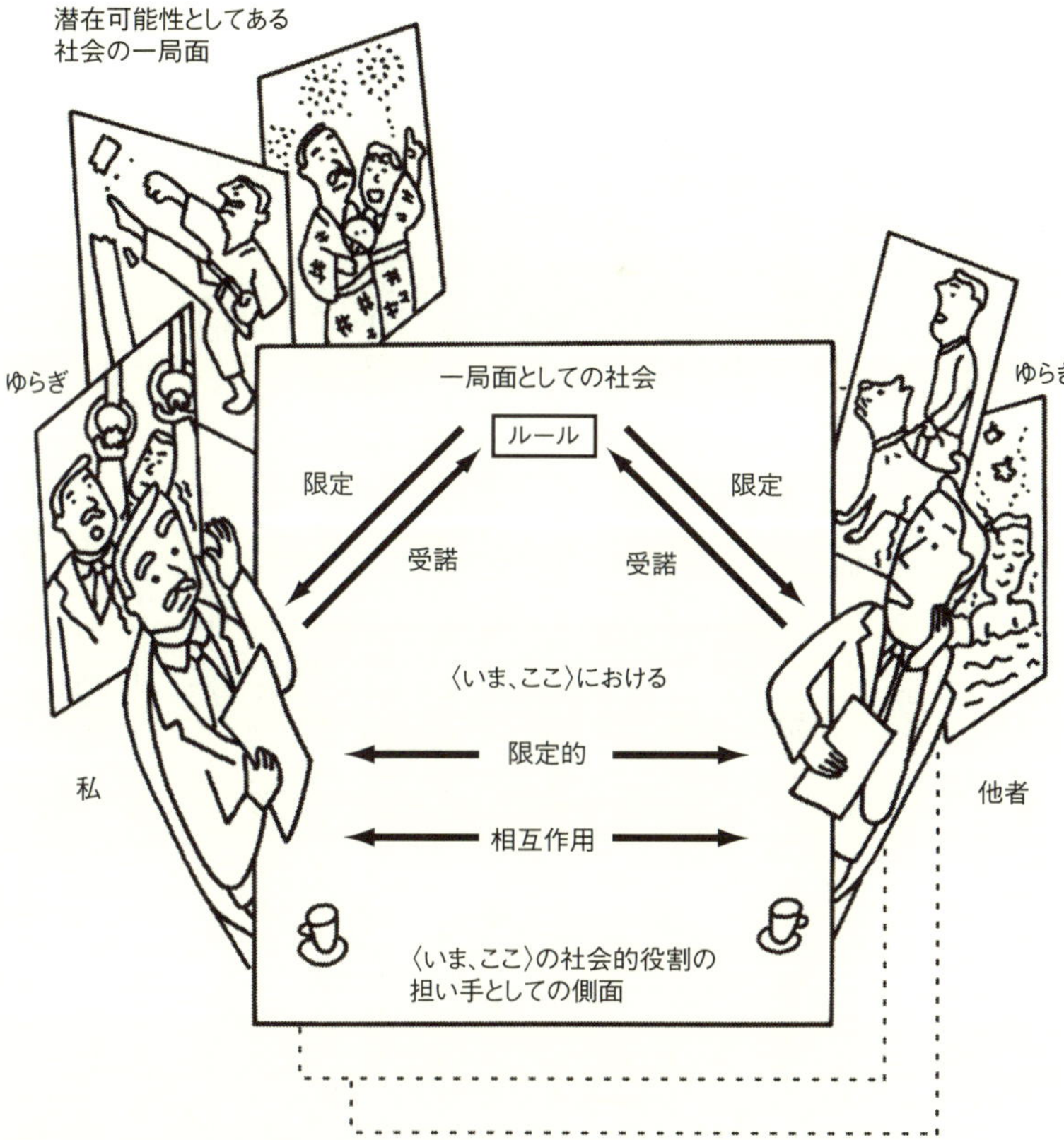

◆相互作用論的社会観においては、社会とはルールによって限定された相互作用の現場であり、自分と他者は、〈いま・ここ〉の役割（会社員として）にしたがった限定的な振る舞いをしながらも、役割以外の潜在的側面（父親であったり夫であったり）を可能性としてもちつづけている

（大庭健『権力とはどんな力か』の図を参考に作成）

することも、歌を歌うことも制限されている。つまり、体を動かすことが好きでおしゃべりでカラオケ好きという学生であっても、受講中は聴講者という役割に即した振る舞い方を期待されており、本人もその「役割期待」にふさわしいように自分の行為をコントロールしている。しかも、それは決して自動的に（つまり何の負荷もなく）行なわれるのではなく、かなりの精神的負荷を自分自身にかけることによって（ふつうそれは「意志」と呼ばれる）可能になるのだ。つまり授業という場において暗黙のうちに要求されている「ルール」を本人が受け入れる意志が成立しており（＝「受諾」）、その結果本人の行為の現実態が、それ以外の行為の可能性を背後に押しやるかたち（＝「限定」）で実現しているのだ。だから、本人の体調が悪かったり、その授業に興味がもてなかったり、恋人との関係がうまくゆかず悩んでいたりすれば、たちまち聴講者という役割から逸脱してしまいそうになるだろう（＝「〈いま・ここ〉の役割」と「潜在的側面」の間の「ゆらぎ」）。

　つまりこういうことだ。人間と人間との関係は絶えず社会的役割といった「カテゴリー」によってある制限を加えられたかたちで営まれる。しかし、その関係の担い手である個人は、その役割的側面以外の可能性を全く排除したかたちで関係を形成するわけではないのだ。当面の社会的役割は、意識的あるいは無意識的にそれ以外の行為の可能性をひとまず括弧にくるかたちで行なわれているのであり、だからいつでもそうした別の行為の可能性へと逸脱する可能性がある（なおこうした観点はジンメルの〈相互作用論的社会観〉と現代ドイツの社会学者N・ルーマンの「社会システム論」の基本的な発想が重なる部分である）。

　〈いま・ここ〉の相互作用の担い手として、個人はたしかに社会内的存在である。しかしそのあり方は決して社会的関係に還元されるものではない。「むしろ個人がある側面では社会の要素ではないということが、彼が彼の本質のほかの側面では社会の要素であることの積極的な条件をなす」のだ。それがたんなる役割ロボットどうしの相互作用とは違って人間どうしの相互作用であるということの特徴だ。

「われわれは官吏について、彼がたんに官吏のみではないことを知っており、商人についてはは彼が商人のみではないことを、士官については彼がたんに士官のみでないことを知っている。そしてこの社会外的なあり方、彼の気質や運命の痕跡、彼の関心や人格の価値は、たとえそれぞれの官吏や商人や軍人らしい職業上の活動の主要事をほとんど変えないにしても、やはり彼と向かいあうそれぞれの者にとって、彼にそのつど一定の色調をあたえ、彼の社会的な形象を社会外的な予測不可能性と混ぜあわせる。」

（ジンメル『社会学』第一章）

ここでジンメルは「社会外的なあり方」について「彼の気質や運命の痕跡、彼の関心や人格の価値」といった説明をしているが、私はこれらに、〈いま・ここ〉の相互作用で期待されている以外の社会的役割も含めて考えたいと思っている。これはある意味ではジンメルの理論の拡大解釈になるかもしれないが、そのように考えた方がかえってジンメルの〈相互作用論的社会観〉の現代的意義が活かされると私は思う。

私たちが「たんに官吏ではない」というのは、官吏という役割以外のさまざまな人格的側面や価値的側面をもっているというばかりではなく、官吏以外の社会的役割をも担った存在だということを意味する。現代はますますこうした複数の社会的役割を私たちに要求する。

看護の現場における社会的側面と社会外的側面の緊張関係

ちょっと話が変わるが、私は、あるきっかけから看護師さん（とくに師長クラスの中間管理職の人たち）と交流をもつ機会を得ているのだが、「人間関係論」ということで話をしなければならないときに、このジンメルの社会の「内部―外部問題」の話をしたことがある。

すると、複数の看護師さんから「その問題は、私たちが勤務表を作成するときに直面する悩みをよく表現してますね」という指摘を受けた。

一つのセクションの看護師たちの勤務の交代の形態は、ふつう師長が原案を作成して会議に諮《はか》るのが通例らしい。その勤務表の作成というのが師長さんたちにとっては非常に心理的に負担になるというのだ。なぜなら、勤務表の作成というのは事務的、機械的に行なうことができないからだ。

たんなる役割の担い手としてお互いに向かい合っているのであれば、あれこれ考えずにアイウエオ順でも年の順でも簡単に配置することができるだろう。しかし、師長ともなれば、配下のスタッフの一人ひとりのプライベートな生活や性格上の相性なども自然とわかってくる。そして女性が圧倒的に多い看護師の職場においては、師長自身も含めて彼女らは看護師でもあると同時に、生活の場面においても家事や育児において男性以上に重要な役割を担っていることが多い。だから、看護師という役割だけを考慮して勤務表を作成することはできないし、スタッフもいわば自分たちの「社会外的」側面をも考慮した勤務表の作成を期待している。しかし、これは当然多大な心理的負担を作成者に強いることになる。職場によっては勤務表の作成が主な原因で師長がノイローゼぎみになる場合もあるということも耳にした。

こうした問題をジンメルの社会の「内部―外部問題」の文脈で考えるとどのように位置づけることができるだろうか。

まず、確認しておかなければならないことは、ここでは社会の内部―外部の区別が明確に意識されていることが、社会関係上最も大事なポイントになっているということである。あらゆる社会的活動にあてはまることではあるが、最悪なのは〈いま・ここ〉の社会的相互作用における役割とそれ以外の人格的側面が全く混同されて区別されていない場合である。娘の結婚式に心を奪われて心ここにあらずの看護師、看護スタッフに対する自分の権限があたかも王様のように無限大に妥当すると錯覚している医師など、〈困った人たち〉は医療の世界でもかなり見受けられるらしい。

このような人たちは、そもそも社会の内部―外部という境界の自己設定ができない人である。一方ジンメルがここで論じている他者との関係を円滑に形成するための条件は、こうした心的態度と全く逆の場合のことだ。もっといえば、〈いま・ここ〉の相互作用（＝社会）の内部とそれ以外の行為の可能性が勤務時間や就業規則などによって客観的にも区別され、さらには主観的にも区別されていることが、少なくても近代以降の人間関係を円滑に進めるための基礎的条件になると考えられるのだ。

さて、もう一度「勤務表」の話に戻ろう。近代的心性ならびに関係においては、社会の内部と外部は一応明確な区別がある以上、その区別を額面どおり受け取って社会の内部的側面だけを考えれば、すなわち、〈いま・ここ〉の役割だけを考慮すればよいはずだ。しかし、それでは実際の職務そのものがうまく機能しないのだ。だからといって、看護スタッフのそれぞれのプライベートな状況や精神的状況をすべて考慮に入れていたのでは勤務表などとても作れたものではないという。
つまり、勤務表を作るためには、いったん看護スタッフの職業活動とそれ以外の活動の可能性をキチンと区別しながらも、なおかつこの社会の外部的要素もそれなりに織り込んだかたちで看護スタッフの職業活動を円滑にできるような配慮が必要になる。一方勤務表を受け入れる看護スタッフの方もあくまで自分のプライベートな都合や家族の状況などはいったん〈いま・ここ〉の「社会外的」な要素として背景に退けつつも、しかしたんに仕事ロボットとして活動することは不可能なので（これができたのが〈かつての？〉「会社人間」である男性だったわけだ）、それなりに勤務表にそうした「社会外」的要素を考慮することを期待するわけである。

もう一度確認すると、人間は決して〈いま・ここ〉の限定的な相互作用に包摂されつくしてしまう存在ではない。むしろ絶えず社会外的な側面との「ゆらぎ」のなかでかろうじて社会内的存在としての役割を遂行している存在なのだ。

どういうときにほんとうに自由なのか

いま述べてきたことは、少し論点を拡大して考えると、「近代的自由」というものを、関係論的にとらえ直す視座としても有効でもあると私は考える。一般的にいって自由とは、自分の意志にしたがった行為が何の拘束も受けずに可能になるような状態のように理解されている。しかし、ちょっと考えればわかるとおり、何の条件づけや限界もなしの行為など現実には不可能だ。とくに何らかの組織と関わる現実の人間関係は全く平等な関係というよりは、上位―下位という権力的関係として現われることが多い。これまた誤解されていることが多いのだが、自由は一切の拘束のない、したがって上位―下位関係の全くないところにしか実現することができないものではない。このように理解してしまうと、現実の生活のなかには自由はどこにもないことになる。

われわれは現実の生活のなかで、ある場合にとても自由を感じ、ある場合にはたとえそれが同じような状況でも、とても抑圧を感じたりすることがある。その違いは何か？

いろいろな制限と義務的関係を伴う人間関係のなかで、それでもなお自由を感じることができるのは、以下の条件が整っている場合であると考えられる。

一つは、しかるべき義務的行為を果たさなければならない時間や責任の範囲、そして自分の権限の範囲などが明確に輪郭づけられていること。その結果、自分が果たすべき役割が明確になり、そこからの距離も取りやすくなる。二つ目のポイントは、とくに上位―下位関係においては上位の者が下位の者に対して、彼が〈いま・ここ〉の役割的関係以外の側面ももっていることをそれなりに配慮しつつ、当の役割的行為の遂行を期待している場合である。

これは学生からよく聞く例なのだが、学生がアルバイトをする際に働きやすくかつ意欲の出る職場には必ず「理解ある上司」がいるようだ。「理解ある上司」とは、彼らが「学生であること」を基本的には認識しながら、かつ仕事場での指導や管理をきちんとしてくれる人のことである。学生であることを基本的に認めてくれるというのは、いつも、「どうせ学生の仕事なんだから」ということで、仕事に対して中途半端な態度をとっても許してくれるということとは全然違う。勤務時間内においては、学生だろうがそうでなかろうが「専心性」を要求されることは「仕事」である限り当然だ。しかし、勤務シフトの作成や試験期間などで、どうしても休まなければならないときの許可などに関して、学生であることに対する理解をもっている上司とそうでない人の対応の違いは、アルバイターとしての彼らの活動の自由度とやる気の面で大きな違いを生むらしい。

理解ある上司とは、自分の配下のアルバイターに対して自分との直接的な付き合いでの顔（＝役割）以外の顔があることをどこかで常に意識しながらも、〈いま・ここ〉では仕事への専心性を要求するような上司なのだ（〈いま・ここ〉での専心性を要求することなく、「学生なんだから、どうせ仕事は満足にできないだろう」という見切られた態度を取られると、かえって彼らは仕事に対する意欲をなくす）。そこには、〈いま・ここ〉の役割にもとづく限定的な相互関係における出会いでありながら、社会内的関係の背後にある社会外的側面に対する、ある一定の態度の取り方の重要性が見受けられるのだ。

そして、こうした心的態度こそは、これまでの日本の企業社会の倫理規範に照らせば否定されてきたことだといえる。いま、私が引いた例を読んで即座に「学生のアルバイターにはそうした配慮がなされるかもしれないが、いったん社会人ともなって働けばそうした配慮などなされるはずもない」と感想をおもちの方もいるだろう。しかし、私の考えによれば、〈いま・ここ〉の社会的側面のみを重視し、個人の社会外的側面を視野の外に置くことを強要してきた日本的企業倫理が、仕事と生活をめぐるさまざまな歪みをもたらしていると考えられるのだ。

つまり企業の論理からすれば、自分の社員が家族をもち、仕事以外のさまざまな活動の可能性をもっていることはいわば視野の外のことになるのだ。しかし、実際は人間の「生」の活動はジンメルのいうとおり個人のうちの「社会の要素ではない」側面が、「社会の要素」たる彼の活動の「積極的な条件」を為しているのだ。そうした関係に目をつぶってあくまで「社会内」人間としての振る舞い方を期待していることが、今日の我が国の職業人が抱えているさまざまな精神的危機をもたらしていると思われる。*

＊有無をいわせぬ転勤命令、世界の先進国のなかでも群を抜いている残業時間の多さなどさまざまな側面で企業社会は、ジンメル的表現を用いれば「企業人たるもの一〇〇%社会内的存在たれ!!」という暗黙のスローガンの下で動いてきたように思う。そういえば私の恩師の一人は、私が大学院生だったころ、私たち大学院生に対して「院生は勉強する機械たれ!!」と檄《げき》を飛ばしてくれていたのだが、やはり「機械」にはなりきれない自分がそこにはいた。

家族生活の危機や地域社会の解体などが、マスコミを賑わすいろいろな事件が起こるたびに指摘されている今日、最も根本的な問題は、企業社会の倫理が、他者との円滑な〈つながり〉を成立させるためのこの第二の条件を無視するような力として作用してきたことによるような気がしてならない。

「社会」と個人の「生」のねじれ

最後に社会的関係を可能にする第三の条件をみていこう。まず私の言葉でジンメルがいおうとしていることをまとめてみると次のようになる。〈社会のあり方と個人の「生」のあり方が全く重なるということはない。両者の間には、原理的なねじれがある。したがって人間の「生」の充実にとって社会はあくまで重要な一条件として位置づけられるものではあるが、それ以上でもそれ以下でもない〉。

この問題について考えてみる。

個人の唯一性をどこまで受け入れられるか

話は先ほど取り上げた第二の前提の問題と深く関連する。ここでは人と人の相互作用という現象に対する二つの視点の取り方が問題になる。

一つは「社会（的相互作用）」そのものに準拠した視点だ。社会的相互作用からすれば、個人はあくまで役割の担い手として現われる。たとえば大学という社会は、建物や敷地にそのリアリティがあるのではなく、あくまでそこに属する学生や教官・事務スタッフが日々繰り広げる相互作用にこそリアリティの核があるはずだ。さて、ある大学にAさんという人が入学し四年後に彼は卒業する。しかしその後にも先にもその大学は存在する。しかしそれは指摘したように建物や敷地がAさんの入学前と入学後に変わらず存在することにその本質があるのではなく、Aさんと同様の役割を帯びた無数のほかの学生が織り成す相互作用が存在するからだ。

大学という社会（＝大学において繰り広げられる相互作用）にとってAさん（そしてBさん、Cさん……）はあくまでその大学の学生という役割を遂行する担い手にすぎない。これはその大学が個人に冷たいとかよそよそしいとかそういう問題なのではない。機能的に分化された近代における社会的諸関係と個人との原理的な関係なのである。

一方個人に準拠して事態をとらえれば、自分にとってどんなに意義深い社会的関係であっても、そこに自分の全人格的価値や自分の「生」そのものを投影することはできない。個人にとって自分の「生」は「唯一のものであり、かけがえのないもの」であるが、どんな社会（的関係）も個人の唯一性（かけがえのない個性）をそのまま引き受けたり、まるごと位置づけたりするものではない。個人の唯一性をどの程度まで受け入れるかは社会の性質によって異なる。個人の唯一性をかなりの程度受け入れる関係としてジンメルがイメージしているのは、おそらく家族関係や身近な人びととの間の親密な関係だろう。しかしこうした関係であっても、人びとは自分の個性的なあり方をそのままのかたちで相互作用に投入することは不可能だ。たとえば家族という関係は、親密な情愛の交流という点では心の全体的関わりがかなり実現される可能性があるが、しかし、どんな親密な家族でも必ず「役割」関係が求められる。これは何も「性別役割分業」の規範性の強い家族だけに限らない。家族はやはり「社会」関係なのである。ということは、先の第二の条件ですでに指摘したような〈いま・ここ〉での社会内的側面とそれ以外の社会外的側面という区別を必ず生じさせる。

また反対にこうした個人の「唯一性（＝「生」のかけがえのなさ）」を受け入れる社会関係から一番距離があるのが、近代を特徴づける「官僚制」であるとジンメルは考える。

「官僚制そのものは『位置』の一定の秩序、あらかじめ定められた職務の秩序から成り立ち……、その内部ではそれぞれの新任者が一義的に規定された職位を見いだし、この職位はいわば彼を待っていたのであり、彼のエネルギーはこの職位に調和しなければならない。」

（ジンメル『社会学』第一章）

ようするに官僚制は、およそ考えられる社会関係のなかで、個人を〈機能的な役割の担い手〉として最も明確に位置づける制度なのだ。しかしこうした傾向は何も官僚制に限るわけではない。官僚制は最も極端なかたちで機能分化社会の論理と担い手としての個人の位置を要求するが、社会と個人のこうした関係はあらゆる社会関係に多かれ少なかれ見られるものだというのがジンメルの考えの基本だ。しかもそれはとくに人間の人格の表現としての自由な活動というものが意識された近代においてはじめて問題として感覚されるようになる。

そしてこうした事態に対する直観的な反発が、ジンメルの時代にはすでに見受けられる。彼の言葉を借りれば「価値の立場」からの批判だ。それは、哲学・思想のレベルにおいては個人と社会の調和的関係を模索したヘーゲルに対するキルケゴールの「実存哲学」であり、「社会」という概念を平準化であり高貴性の喪失と理解し嫌悪したニーチェの「生の哲学」であり、文学においては秩序や伝統に牙をむくロシアの「無政府主義的文学」などである。しかし、ジンメルからすればこうした反発は、いずれも〈反社会〉という情念の発露としては理解できても、「社会」と個人の「生」へのねじれの関係をきっちりとらえようとする視座を用意するという観点からみると不充分なのだ。

ジンメル自身の考え方の変容

とはいえ、ジンメル自身もまた、若い時期には「社会」と個人の「生」のこうしたズレをあまり深刻にとらえてはいなかった。だから、社会のさまざまな問題——貧困や自由な政治活動の制限など――を解決することと諸個人の「生の充実」(＝一人ひとりが生き生きと自分の生活を充分に味わいつくすこと)とは、いわば正比例の関係にあるととらえていた(ジンメル『社会的分化論』)。社会的条件が整えば整うほど人間の生活は豊かになり人びとの幸福が約束されるという方向で考えていたわけだ。だいたい一八九〇年代まで(年でいうと三〇歳後半まで)のジンメルはそうだったようだ。しかし、だんだん年を経るごとにこうした考えは彼のなかでしだいに後退していく。

社会が進化する――ジンメルが社会の進化という場合、それは社会が機能的に分化し各社会システムが機能的な連関を遂げるということだ――ことは、たしかに人間の「生」の条件を支える基本的な事柄かもしれない。

しかしそれぞれの個性をもった人間の「生の充実」は、そうした社会の整備とは全く異なる源泉を、その「生」そのもののうちにもつという考えに四〇歳代以降のジンメルは傾いていく。社会がだんだん社会としてのかたちを整えていくこと(＝機能的な分化と連関のなかで整備され近代化されていくこと)と、一人ひとりの人間がそれぞれの個性と欲求を活かしながら充実した「生」を送ることとは、単純な正比例の関係にはならないのではないか――そういう疑念がジンメル自身のなかで大きくなったのである。

ジンメルの考え方はひと言でいって、社会の発達と個人の「生」の充実を予定調和的にイメージする発想から、社会と個人の間の本質的なズレもしくはねじれの関係に注目するかたちにシフトしていったのである。

「完全な社会」

さて、そうした文脈で、社会を可能にする「第三の」条件を考える必要がある。「社会という現象の構造」を考えた場合、それは、

「不平等な諸要素からなる構成体である。それというのも民主主義的あるいは社会主義的な意図が『平等』を企て、あるいは部分的にそれを達成しているばあいでさえ、つねに問題となるのは、たんに人格と業績と地位の等価値のみであり、これにたいして素質と生の内容と運命よりみた人間の平等は、[そういう平等化の企てにおいては]まったく問題とはなりえないからである。」

（ジンメル『社会学』第一章、[　]は引用者の補足）

社会関係が形成されるためには、個性的な「生の過程」が全くの考慮の外に置かれることによって「あたかもすべての成員が統一的な関係にあり、そしてこの関係は、まさにそれらの成員のそれぞれが独特であるために、そのそれぞれをほかのすべての成員に依存させ、そしてほかのすべてをこの成員に依存させるかのように経過する」ということが「個人の意識」に人間関係の基本的な見方として受容されていることが不可欠なのである。

ジンメルはこのことを「完全な社会」という概念で表現しようとする。つまり、社会がその完全性を表現する場合、それは、一人ひとりの人間の「倫理」の高さや「幸福」の達成とはズレたところで成立する、ということだ。その完全性は機能的な分化と連関を特徴としており、個々人は社会が要請する役割の担い手としての振る舞い方が要求され、それ以外の振る舞いの可能性や多様な「生」の可能性は基本的に「否定」される（ここでいう否定とは、積極的にダメだとバッテンをつける

というよりは、ないものとみなされるといったニュアンスでとらえられる意味である）。社会が「完全」なものになればなるほど、一人ひとりの人間にその社会の構成要素としての限定された振る舞い方が要求される。

自由の可能性と役割期待の束

しかし――何度も繰り返すが――社会は一枚岩の実体ではない。それは人びとの相互的な振る舞いが幾重にも重なってできる「織物」のようなものだ。人間は社会の外側には決して出られない、というのが「社会学者」ジンメルの確信である。しかし社会は人間の生とは決して一致しないというのもまた「生の哲学者」ジンメルの出した結論でもあった。

では、社会と個人の「生」のズレをどのように理解したらよいのか？　私がジンメルの〈相互作用論的社会観〉から学んだ論点は次のようなものである。

まず第一に社会をその〈多元性〉〈複数性〉において理解すること。私たちの「生」が体験するのはさまざまな諸社会であり、決して単一の実体としての社会ではない。それぞれの社会（的相互作用）は常に役割・機能の担い手として、社会の構成要素としての振る舞い方を期待し要求する。しかし常に私たちはそうした担い手、構成要素としての側面以外の可能性をもっている。

そして第二の論点は次のとおりである。社会にとって個人は常に期待される行為の担い手としては社会の要素でありながら常にそれ以上の可能性（あるいは過剰性といった方がいいかもしれない）を身に帯びている。個人からすればどんな社会（的相互作用）も常に一定の規範性を帯びた役割の遂行を期待しており、その意味でその人そのもの（の個性的人格）を丸ごと認めてくれるような社会は存在しないということだ。社会と個人のこのねじれた関係は、個人の人格や自由が問題となった近代において全面的に展開されるようになる。それはまさに人間が「個人」として、つまり「個の尊厳」や「自由」あるいは「主体性」といった価値を帯びる「個性的人格」として意識されるようになったことと軌を一にしている。さらに私たちがまがりなりにも手に入れた自由な活動の可能性によって、私たちは、ますます多様な社会的役割の期待の束としての位置づけを要求されるという困難に出くわすことになる（さまざまな「社会的相互作用」の結接点としての私たち！）。つまり、私たちは社会的役割の多重性や自分の人格的側面と役割的側面との緊張関係に悩みながらも行為の自由を獲得しているのである。社会と個人の原理的なねじれを抱え込んだまま、私たちはそれでも社会を私たちの実存的側面を支える基本条件として整えていくような方向で生活を営んでいくほかはないのである。

社会の求めるものと「ほんとうの私」のバランス

以上ジンメルがいう社会関係を可能にする三つの条件を追いながら、〈私〉と「社会」の関係がどのように理解されるかをみてきた。こうした理解を下敷きにすると、「ほんとうの私」の問題はどう見えるのかについて最後に確認しておこう。

　これまでにも見てきたように、ジンメルの〈相互作用論的社会観〉に立てば、「ほんとうの私」というものが、社会的関係とは全く別のどこかに実体的に存在するという考え方は成立しない。とはいえ「ほんとうの私」という感覚自体を丸ごと否定して、「すべては社会的役割上の演技にすぎない」とする考え方も納得のいくものではないことは前に指摘したとおりである。

　とすれば、「ほんとうの私」とはいったいどのように考えればいいのだろうか？　ジンメルに触発された私の考えによれば、「ほんとうの私」とは〈いま・ここ〉の社会的相互作用における役割的側面とそれ以外の「社会外的側面」とのバランスが自分自身のなかできちんと了解されており、かつ他者との関係においても社会的側面と社会外的側面の二面性についての理解が得られたときに生じる内的な確信として理解されるものだ。逆の面からいえば、〈いま・ここ〉の社会的関係において、他者から期待されている役割と自分の了解との間に極端なズレがあったり、〈いま・ここ〉の役割関係以外の側面を全く考慮されないような関係のなかに置かれたとき、人は、「ここは私の居るべき場所じゃない」という感覚や「ここはほんとうの私を活かす場所じゃない」という意識に陥る危険性があるのでないかと私は考える。ようするに「ほんとうの私」を一〇〇%活かしてくれる場所がどこかに「実体」としてあると考えるのは、社会の原理的考察からして誤っているということだ。

　しかし、私たちは「ほんとうの私」という感覚を捨てさる必要はない。〈いま・ここ〉で自分が背負っている役割的側面とそれ以外の「社会外的側面」のバランスがとれ、そのようなあり方に関して他者からの承認が得られる場合、「ほんとうの私」というものに手が届くという可能性が開かれる。つまり、社会的要請と自分の「生」の意識とのズレが最小となるようなそういう社会関係の形成を自分自身が模索するなかで、「ほんとうの私」が活かされる可能性が開かれるのだ、という

◆〈ほんとうの私〉を自分の内へ内へとばかり求めると、必ず行き詰まってしまう

◆他者からの承認が得られ、〈いま・ここ〉の役割の意味を自分で深く了解することによって、〈ほんとうの私〉と出会える

のが現在のところ私がジンメルとの対話から得た結論である。

　だからどのような活動をすれば、「ほんとうの私」にたどりつけるかを具体的な内容を指示して語ることはできない。たとえば、ボランティア活動にさえ参加すれば「ほんとうの私」に必ず出会えるとか、きちんとした職業をもてばそうなれるとか、そういういい方はできないのだ。なぜなら同じような内容の活動であっても、自分にとってそれがまさに〈いま・ここ〉で行なうべきものとして了解されている人と、そうではなく、〈いま・ここ〉では自分がやるべき別のことがあるのではないかといった意識をもっている人とでは、その活動がもつ意味が全く変わってくるからだ。だからこそ「ほんとうの私」に少しでもたどりつくためにも、〈私〉はどのようなかたちで他者や社会とつながりたいと考えている人間なのか？　どのようなかたちでつながること（あるいは距離をとること）を心地よいと考える人間なのか？　ということをよく吟味することが大切になると私は思うのだ。

第五章 「秘密」とは、コミュニケーションを拒否した態度か？

——他者との「距離」をどうとるのか

さて、前の章でも指摘したように、ややもすると私たちは、ほかの人間とほんとうの付き合いをしたいという欲求にかられたり、ほんとうに自分のことをわかってもらいたいと願ったりするようだ。

自分にとって大事な、意味のある「世界」

またそれらとは正反対に「他人とのつながりなんてどうでもいい、重要なのは、自分にとって大事な、意味のある「世界」を大切にすることで、その世界が他人によって損なわれないことだ」という感覚に陥る場合もある。自分にとって大事な、意味のある「世界」に内閉することによってほかの人間にわずらわされず自分の楽しみを追求したいという欲求は、現代人に特徴的な傾向としてよく指摘される。アニメやテレビゲームあるいは芸能アイドルにはまるといったいわゆる「オタク」の世界は、とりわけわかりやすい例だ。しかしそうした世間に流布している定型化されたイメージに収まらなくても、そうした閉じた世界に内閉した「生」のかたちというものは成り立つ。

たとえば現代日本を代表する小説家村上春樹が好んで描く主人公の、他者に対する態度の取り方は、こうした自分の「内的世界」への自己完結の欲求といってもよい態度に満たされている。たとえば昼食に食べるスパゲッティの作り方やビールを飲むシチュエーションに妙にこだわったり、聴く音楽や着こなす服装なんかにも自分のなかに明確な規則があったりする人物を、彼は小説の主人公に据える。しかしその意味をほかの人間にわかってもらおうなどとはあまり考えていない。

文芸評論家の加藤典洋は、ある対談のなかで、村上春樹が描く主人公の振る舞いの原理を「モラル（道徳）」に対する「マキシム（格率）」にもとづく行動というかたちで的確に提示している（笠井潔、加藤典洋、竹田青嗣『村上春樹をめぐる冒険〈対話篇〉』）。「モラル（道徳）」とはほかの人間と共有されるような一般的なルール、「マキシム（格率）」とは「自分の行動を自分で律する、自分にだけ適用できるルール」なのだ。ひと言でいえば、自分の「マキシム」を確立しながらそれをほかの人間にわかってもらいたいとかそれを共有したいという方向で社会化されることはない内閉した世界が、春樹が描く主人公の生き方の基本的なスタイルだ。

しかしながら、現実には（これはあくまで私自身の体験に照らしてのことかもしれないが）、こうした他者との「関係」に対する断念、いい換えれば、他者との体験の共有やコミュニケーションによって「わかりあえること」に対する断念は、多くの場合、他者とつながりたいという欲求が、挫折したことからくる一種の「反動（リアクション）」形態であることが多いような気がする。本心では、他者に自分をわかってもらいたい、ほんとうの自分を知ってもらいたいと思い願い、そうした他者への期待があまりに大きいために、かえって他者との関係や距離の取り方がギクシャクしたものになるということは、意外に多いのではないだろうか？ あるいは自分のイメージどおりに、他者に自分をわかってもらいたいといったわがままな気持ちがつい頭をもたげるときだってあるだろう。

〈ほんとう〉への希求——あるエピソードから

たとえば、つい先日耳にした次のような話は、いま私が述べている文脈との関連で非常に興味を引くものだった。ある人（Aさんとしよう）がもう一人の人（Bさんとしよう）に自分の悩みか何かを相談していたのだが、聞き手のBさんが「そう、わかるわかる」とうなずいていたら、Aさんが突然話を止めて怒ったように「そんなに簡単にわかるわかるなんていってほしくなーい」と叫びはじめた。ちなみにその場の状況は深夜の一時を回ったころのカラオケルームであり、酒の勢いもあって相当ハイテンションな盛り上がりを見せていた。Aさんは、「私がいいと納得するまでは、私のことを『わかる』なんて軽々しくいってほしくない」という。そのとき、私は尾崎豊の「十五の夜」を熱唱していた最中だったので、話の詳しい中身はよく聞き取れなかったのだが、（オザキを歌いながら人の話を聞くのは結構ツライ）、「なるほど面白いことをいうなあ」と感心した反面、「これって他者に対する究極の甘え」だよなあとその瞬間に思った。そして家に帰ってからそのとき私の聞いた感じをあらためて反芻《はんすう》してみると、これは、以下で詳しくみるような他者の本質をけっこう鋭くついているいい方であり、かつ他者に対する最も過大な要求なのではと考えたのだ。

「他者」との距離をどのようにとればいいのか

そもそも自分以外のほかの人が、自分にとってまさに「他者」であるという事態は、いったいどのようにとらえられるだろうか——こうした基本的問題からちょっと考えてみたい。

ジンメルに触発された私の考えによれば、他者とはたんに丸ごとすべてを理解できない「非知性」を帯びた存在である以上の何かである。その何かというわからなさにあえて言葉を与えれば、〈私〉のことをいわば〈私〉の許可なく勝手に対象化してしまうような存在であるとでも表現できるだろう。この点にこそ、他者がまさに「他者性」(＝他者であるという本質的な性質)を帯びた存在だということのポイントがある。だから右の「私がいいというまで私のことをわかったといってほしくない」という人のいい方は、自分以外の人間が帯びる他者性に対する恐れを直観した実に本質をついた表現であると同時に、それは他者の「他者性」を認めていないという点で究極的な「甘え」の表現だなと私は思う。つまり他者としてではなく、いわば〈私の分身〉のような存在として相手をとらえ、そしてそうした相手に対して(〈私〉の望むようなかたちで)「ほんとうの私」をわかってほしいという実現不可能な要請を行なっているように、私には思えたのである。

たしかに、コミュニケーションの相手に「ほんとうの私」をわかってほしいという思いは、大なり小なりだれにでも起こる欲望であるだろう。しかしそうした思いにとらわれすぎると、かえって他者とのバランスがとれなくなるという危険も潜んでいる。

また、こうした他者への過大な要求が正当化される要因として、次のような世間の常識の根強さがあるように思う。それはつまり、知り合って間もないころは、よそよそしく距離をとって本心を明かさないのはしかたがないにしても、だんだん顔見知りになれば、できるだけ何でもさらけだして「隠し事なし」で付き合うべきだという考え方だ。つまり、他者に開かれた誠実でよい態度とは、できるだけ隠し事などをしないで正直に自分のありのままを提示するような、そういう開放的な態度だというわけだ。

しかし、何の隠し事も秘密もない「ざっくばらんさ」が、人間関係においてほんとうに求められている誠実さなのだろうか？　たとえば、こういうタイプの人はみなさんの身のまわりにはいないだろうか。

「昨日の夜電話したけど、どこにいっていたの？　だれといっしょにいたの？」ということをけっこうしつこく聞いてくるような人。それが年ごろの娘をもった親だったり付き合ってまもない恋人だったりすればともかく、いわばふつうの友だち（たとえばクラスメートといった）程度の仲でも、そういう感じで聞いてくるような人だ。また自分に黙って彼氏（あるいは彼女）を作ったということでけっこう頭にきたりする同性の友人の話もよく耳にする。とくに女性どうしの友人関係が、彼氏を紹介しなかったとか内緒で彼氏を作ったというような理由でうまくいかなくなることがありがちだ（地方の女子大に勤めていたころこういう話を学生から私はよく聞いていた）。

「親しいと思っていたのに、私に黙って――した」とか「私に内緒で――に行った」というかたちで他者を縛ろうとする人は意外に多いような気がする。そして彼（女）らが抱く親密さのイメージには、「プライベートなことであればあるほど、それを共有することが親しさの証しだ」ということが、暗黙の前提として存在するように思われる。でもそうした他者への過度の接近の要求が、まさに他者との関係の気まずさを生み出したりもすることに彼（女）らは気づかない。

基本的にこうした問題の根底には、他者との「距離」というものをどのように考えればよいのかという課題がある。この場合の距離とは、もちろんたんなる空間的距離ではなく、精神的な意味での距離の取り方を指す。とはいえ空間的距離あるいは他者と接する際の物理的距離は、実は人間の関係形成にとってかなり大事な側面をもっていることは無視できない（この点については、渋谷昌三『人と人との快適距離』がとても参考になる）。

しかし、結局こうした空間的距離の問題も、それが人間の精神的なあり方に影響を与えているという点ではやはり「心的な問題」の核となっていることが理解されるだろう。そしてここで重要なのは、他者との距離をゼロにすることではなく、適度な距離を作り出すことだ。しかしこのことを説得的に展開するためにはどのような語り方が考えられるだろうか。

「距離」がゼロであること――人間関係形成の不可能な地点

ジンメルがもち出すアイデアは、「秘密」（をもつ／もたれる）というだれもが経験する事態を手がかりにしてこの「距離」の問題を詰めて考えるという方法だ。それはまず第一に私たちが「秘密」に対してもっている一般的理解に疑問符をつけることからはじまる。すなわち「秘密」とは、コミュニケーションの遮断《しゃだん》や拒絶を意味するものではなく（もちろんそういう場合が全くないというわけではないが）、円滑なコミュニケーションもしくは適度な距離にもとづく相互理解には不可欠な社会的形式なのだととらえるところからジンメルは出発する。

そのためにはまず手始めに、ほんとうの相互理解、コミュニケーションのあるべきかたちに対する私たちの思い込みを解体することから議論をはじめる必要がある。このようにして『社会学』第五章の「秘密と秘密結社」という章は、「他者を知ること」「他者を理解すること」が「制限とわい曲」を帯びてしまうことの不可避性の指摘から展開される。

そこでジンメルはとりあえず次の事実の確認から論じはじめる。つまり、私たちは、何らかのかたちで関わる他者に対しては、「交流と関係が可能となる程度までは［相手が何ものかであるのかについて］大体において正確に認知している」（ジンメル『社会学』第五章、［　］は引用者の補足）。距離とは隔たりであることと同時に接近可能性であるとジンメルは理解しており、私たちは出会う他者に対して何らかの距離設定ができるほどの接近可能性をもちえているからこそ関係の形成が可能になるのである。

このことは逆にいうと、どんなに親しい付き合いであっても、他者との間には必ず何らかの「距離」は残るということである。無限大の距離、つまり接近可能性がゼロの場合は関係の形成はもちろん不可能であるが同様に距離がゼロというのも関係の形成が事実上不可能になる地点なのだ。*

*社会学者の見田宗介は、この距離がゼロという極限形態のモデルを、サルトルの「融解集団」に見ている（見田宗介「交響圏とルール圏」、現代社会学第二六巻『社会構想の社会学』）。他者の他者性が融解しゼロになることをサルトルは一種の理想状態とみなし、あるいはわが国でも一九七〇年代に若い世代を中心に盛り上がるコミューン運動（いまもなお続く「ヤマギシ会」はその有力な一つであった）においても、この融解性が最も「よき」集団形成の原理とされた。しかし見田はこの理想主義が、

個別的なコミューン運動の挫折ばかりではなく、「二〇世紀を賭けた『コミュニズム』という巨大な実験の破綻」をも規定していると考える。そして、距離がゼロの絶対的な融解がもし現実的に可能であるとするならば、それは「〈愛の絶対境〉のようなもの」しか考えられないと彼はいう。しかし、「ベッドの上ではどんなルールも存在しない」といった「〈愛の絶対境〉」は、決して持続的な関係形成の原理の上には成り立たない。集団形成の原理としてはもちろんだが、愛の継続的関係を温めていくためにも、他者性を否定した融解性は、抑圧的支配を生み出すことはあっても決して相互関係の成熟をもたらさない。

「他者を知る」手だては何か

さてそれでは、私たちが「他者を知る」のは、まずどんなかたちでだろうか。前章でも指摘したように、それが「類型化」である。類型化には、まず性別、年齢、出身地、職業などによるものが考えられる。そうした類型化を促進する出会いのパターンがいわゆる自己紹介だ。そして「長く持続する歓談のさいの……ありきたりの相互の紹介は、それはいかに空虚な形式と思われようとも、あの相互の認知のふさわしい象徴」なのだ。その過程で私たちは相手を類型化し、関係が形成できるとりあえずの像を獲得する。そして徐々に私たちは自分が他者に与えた類型化された像に修正を加えることによって、相手との適度な距離を設定していく。しかし次のことがやはり強調されなければならない。

「人びとはけっして他者を絶対的に知る——このことが、それぞれの個々の思考とそれぞれ

◆「秘密」を認め合うことで適度な距離感覚が生まれ、互いの関係が豊かになる

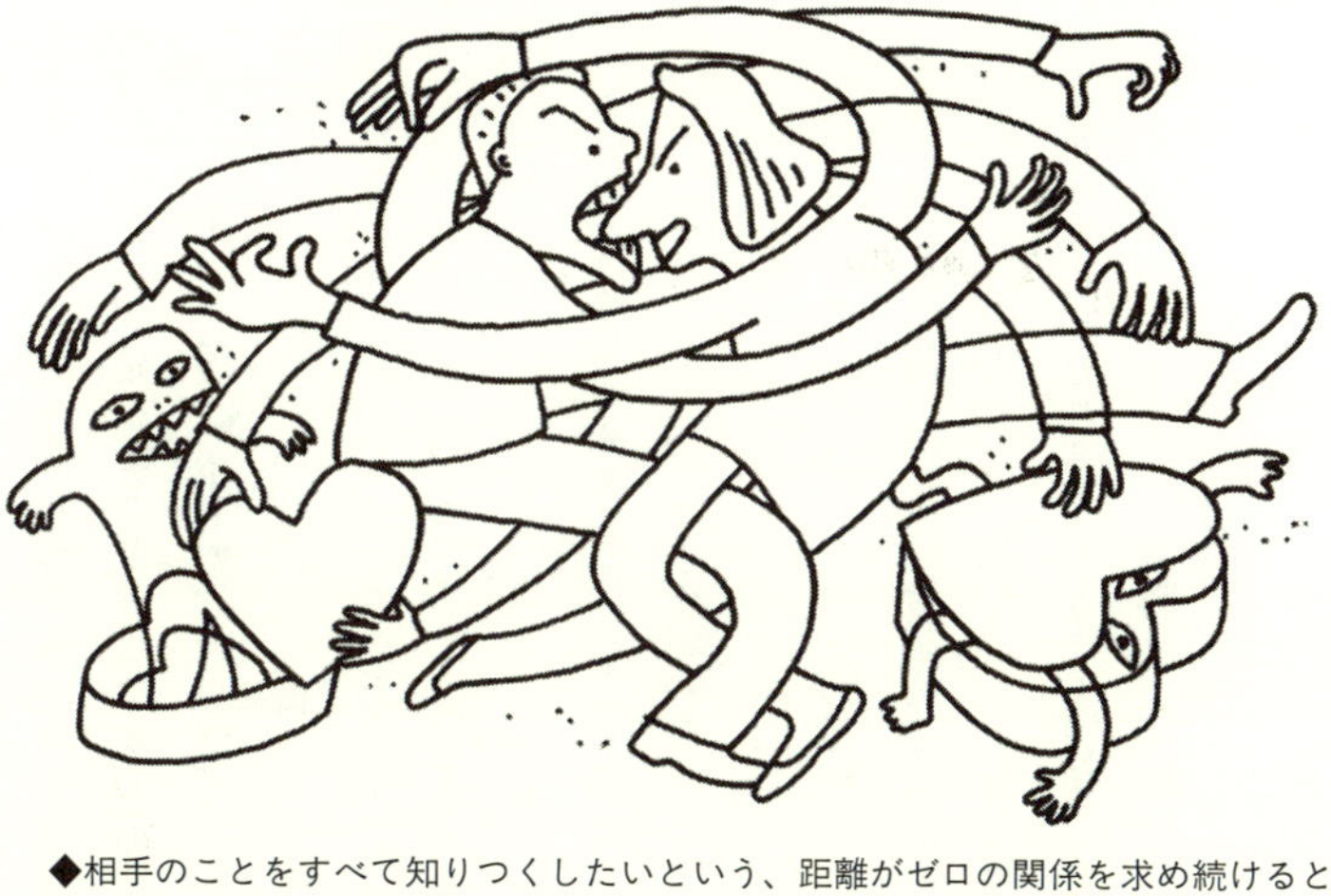

◆相手のことをすべて知りつくしたいという、距離がゼロの関係を求め続けると、互いを傷つけ合うことになる

の気分についての知識を意味するとすれば——ことができず、他者が彼の断片においてのみわれわれに近づくことができるため、人びとはそれでも彼の断片から個人的な統一体を形成するのであるから、この統一体は、彼にたいするわれわれの立場が見ることを許した彼の部分に依存している。」　（ジンメル『社会学』第五章、傍点強調ジンメル）

私たちは他者を「絶対的に」は知ることはできない。「絶対的に」というのは、彼（女）がそれぞれの瞬間にどんな振る舞いをしたか、何を考えているか、どんな気分でいるかの総和的な全体のことだ。個々の断片のすべてを残らず集めるというかたちで「彼（女）のすべて」を知ることは絶対にできない。だからといって私たちは断片的にしか彼（女）を知ったことにしかならないのだろうか。そんなことはない、とジンメルは考える。私たちは、他者に対する断片的な知識から「彼（女）に対する個人的な統一体」を作り上げている。つまり「彼（女）ってこんな人なんだ」という全体的イメージを構成しているのだ。

だから私たちの他者の認知はその構造の本質からして、彼（女）そのもの、絶対的客観性という意味でのほんとうの彼（女）に到達することはない。他者という客体そのものを越え出てある全体像を作り上げる——このことが他者認知の第一の前提なのだ。逆にみれば、私が認知の対象にされた場合でも事態は同じだ。私は「私そのもの」として他者から認知されるということは決して不可能で、常に認知主体である相手が作り上げる私に対する全体像によっていわば勝手に理解されてしまうのだ。

ときにはそれはかなりの誤解を含んでいたり、ちょっとした勘違いだったりすることもある。しかし、ジンメル的観点からするとそうしたズレは基本的にはしかたがないということになる。相手が自分に対してどういう全体的イメージをもっているかをあれこれ心配したり、どんな人にももって欲しい自分のイメージに固執してそれに合わせて自分の行動の可能性を狭めたりすることは、自分の「生」の可能性を殺すことになる——ジンメルならこのようにいうだろう。

しかし、どうしてもほうっておけない場合もあることはまたたしかだ。それは自分に対する他者のイメージが自分が抱く自己イメージと著しく違っている結果、他者との関係において現実的に深刻な軋轢《あつれき》を生むような実際上の問題が発生するような場合である。とはいえ、厳密に考えるとどういう状況がほんとうに実害なのかそうでないかという問題は、当人のパーソナリティにかなり依存する場合も多い。つまり自己像と他者の像のズレがどうしようもなく気になる、そのことで精神的に傷つくということの一般的な幅というのは確定することは困難なのだ。

しかし、そうであるならなおさら、自己像と他者からみた像は「原理的に」ズレが生じるということの指摘は重要である。

つまりこうしたズレがあること自体で精神的に傷つくというのは、この二つの像の一致が可能だし、そうなるべきだという無意識の欲求があるからだ。しかしそれは他者に対する過重負担を強いる実現不可能な欲求なのだ——こうしたことが納得できるかたちで理解されれば、自分に対する自己像と他者が抱く当人に対する像にズレがあったとしても、よほどのことがないかぎり多少のズレとしてやり過ごすことができるだろう。

期待されたイメージへのささやかな抵抗

さて、これまで述べてきたように、「他者」とは、〈私〉に対して私の許可なく勝手にある全体的イメージを作り上げる存在だ。それでは〈私〉の側はそうした他者によるイメージの構成に対してなすがまま、ただ手をこまねいているだけしか策はないのだろうか。

「いや、そうではない」とジンメルは考える。自分に対するイメージの形成に対して自分の思うとおりの像を作りあげることを他者に要求するのはいわば「過剰負担」であるが、しかし「こう見てほしい」「こう思ってほしい」というかたちで他者に対して働きかけることは充分に可能であるというわけだ。それが「虚言（嘘）」と「秘密（隠蔽《いんぺい》）」の社会的機能だ。ジンメルがいうには、「虚言（嘘）」は他者に積極的で攻撃的な態度であり、「秘密（隠蔽）」はもっと穏やかな性質を帯びるが、しかしそれは「社会関係の形成」に充分に意味のある態度だということになる。

「虚言（嘘）」のもつマイナスとプラスの働き

では最初に「虚言（嘘）」が社会関係形成にとってもつ働きから見てみよう。

まずマイナス面。現代のような「より豊かでより広範な文化生活」において、「虚言（嘘）」は「生活の基礎」を揺るがす大問題となりうるとジンメルは考える。というのは現代のように複雑化した社会では、一人ひとりの人間が自分の生活を条件づけているさまざまなルールや制度を直接見通すことは全く不可能なことだ。しかし一方、一人の人間が依存しているさまざまな制度やルールは昔に比べてはるかに複雑化し多岐にわたっている。私たちの一日の生活はそうした制度やルール、そしてそれらの担い手たちに対する漠然とした「信頼」にもとづいている。もし朝来るはずのバスが来なかったら、届くはずの郵便物が届かなかったら、店で店員から粗悪な商品をだまして買わされ、しかも法外な値段をつけられたら……。そういう事態があちこちで起きれば、私たちの生活全般はいまとは全く違った緊張と期待はずれが起こったときの態度の取り方が要求されるだろう。

「現代生活は、経済的な意味よりはるかに広い意味において『信用経済』なのだ。」

（ジンメル『社会学』第五章）

だから現代における虚言（嘘）は、生活上の大きなリスクとなる。

しかし一方虚言（嘘）にも、積極的な意味がある。まずは社会の秩序形成へ寄与する側面。ジンメルがいうには、「原始状態」では虚言（嘘）がある程度許容されているが、それは次のような事態を意味する。彼がいう原始状態とは、「組織化と等級化と［権力の］集中化」が生じたばかりの社会のことである。そうした階級分化において権力的地位を獲得するためには二つの契機が考えられる。一つは直接的、身体的な力の強さであり、もう一つは精神的な力である。そしてその精神的な力の行使の有力な方法が、虚言（嘘）なのだ。直接的な暴力的な力をもたないものでも、人間社会のごく早い時期から支配的地位を獲得することが可能であり、それは虚言（嘘）によって「精神的な優越を作用させてより狡猾《こうかつ》でない者を操縦し［抑圧する］」ことによるわけだ。この場合、虚言（嘘）は、情報の隠蔽や変容を加えたかたちのコミュニケーション能力の高さを意味する。

現代においても虚言（嘘）がもつ積極的な社会的機能は失われていない。それは、商品を売ろうとして過度に誇張した宣伝や販売戦略を進めるような場合である。消費社会が成熟するにつれてそうした明らかな誇大宣伝は徐々に少なくなり、商品広告が虚言（嘘）であるという性格は薄れていくとジンメルは考えるが、しかし広告が商品をよりよく、よりすばらしいものとして消費者にアピールすることを目的としていることを考えると、広告が全く虚言（嘘）という性質をゼロにするということはないだろう。

このように虚言（嘘）は、社会関係を破壊する危険をもつこともたしかにありうるが、しかし、むしろジンメルは虚言（嘘）が社会関係形成にもっている「積極的な意義」に注目する。しかしその積極的な意義は、むしろ「秘密」という「消極的な形式」（虚言のように積極的に他者に働きかけるのではなく、事実を隠すという消極的なかたち）によってより現実可能性が高まるのだ。つまり社会関係を積極的なかたちで形成していく契機としては、虚言（嘘）はあまりに「攻撃的な技術」すぎるのだ。一方、「秘密」の社会学的機能は、もっと穏やかにかつ本質的に人間関係に影響を与える。いってみれば、「秘密」はコミュニケーションの基本的なあり方を大きく規定する「社会学的形式」なのだ。

いずれにせよ「伝えきれない世界」が残る

ジンメルにとって「秘密」とはどんな意味をもつ態度の取り方なのだろう。ここでちょっとまとめてみたい。

彼が「秘密」という言葉で意味していることは、実はかなりの守備範囲を覆っている。もちろん「秘密」とは直接的には相手が知りたい情報、知ろうとしている情報をこちら側が意図的に隠していることを意味する。しかし「秘密」ということでいおうとしていることは、たんに情報の意図的「隠蔽」という事態にとどまらない。むしろコミュニケーションにおいて何かが伝えられることの背後には必ずある〈伝わらないこと〉、あるいは〈伝えられないこと〉、そして〈伝えたくないこと〉が残るということをも意味する。そのことをいま、私なりの例で考えてみよう。

親しい友人と映画を見に行ったとする。もちろん満足がいく内容を期待していたから見に行ったわけだが、その期待以上にその映画がすばらしいものだったとする。やがて映画が終わり二人して帰りに喫茶店にでも寄ろうということになる。さて、そうしたときに自分の感激や感動をそのままのかたちでしかもすぐに相手に伝えることができるだろうか。親しい友人だし別に気兼ねもいらない、しかもいっしょにその映画を見ているわけだからストーリーなどの説明などにもあまり神経をつかう必要もない。しかし、ふつうはそう簡単に言葉が次から次へと出てはこないのではないだろうか。とにかく自分の内面に起こっていることをありのままに正確に表現し、かつ他者にそのままに伝えるということは不可能なのだ。だからたとえば、そのときの喫茶店での会話は感動が深ければ深いほど「(あの映画) なかなかよかったね」「うん、そうだね」といった程度のやり取りで終わってしまうこともありうるわけだ (もちろんもっと饒舌《じょうぜつ》にいろいろな感想を述べ合うこともありうるだろう。しかしそれにしたって、自分の内面そのものを表現し、かつ相手にそのまま伝えきることなどは不可能だということだ)。

「秘密」ということでジンメルがいおうとしているところの〈核〉を、私なりに取り出して表現すれば、どんな誠実なコミュニケーションであっても必ず〈情報の選択〉がなされており、また

〈伝えきれない事柄や思い〉が残るのであり、そのことがまさに人間の関係のあり方を本質的に支えているということである。

「秘密は、公然たる世界とならぶ第二の世界のいわば可能性をあたえ、そしてその公然たる世界は、この第二の世界の可能性によってきわめて強く影響される。二人の人間あるいは二つの集団のあいだのあらゆる関係は、そこに秘密が存在するか否か、さらに秘密がどれほど存在するかの問題によって性格づけられる。」

（ジンメル『社会学』第五章）

不確かさを前提とした人間関係の距離

さらに「秘密」は、人間の「人格」がどれほど関わっているかという観点からみて異なる性質を帯びる人間関係のそれぞれにおいて、その特徴を微妙に変えながら、しかしそのつど重要な意味をもつことが指摘される。そして実はそのそれぞれが近代を生きる人間にとって本質的な意味をもつ関係の分析となっている。

ジンメルは大きくいって近代以降の人間関係の性質を、人格的距離の遠近にもとづいて大きく三つに分けて分析を加えている。

まず最初に検討される人間関係のタイプは、人格的要素がほとんど問題にならないような関係、つまり近代になってますます支配的となる「目的結合」である。これは、一定の明確な合理的な目的のために関係を作る機能的な集団のことだ。そこでは成員の「総体的人格」は全く問題とされることはなく、「もっぱら一定の仕事の担い手」としての側面のみが問題となる。

そのような機能的集団においてあるいはそうした機能的な関係が幾重にも折り重なってできている近代社会全体において、「信頼」という心性が「全く特別の進化」をとげ、きわめて重要な「社会的結合力」としての意味を帯びてくる。

「信頼」とは何か？　それは「実際の行動の基礎となるほど充分に確実な将来の行動の仮説として、まさに仮説として人間についての既知と未知との間の中間状態」なのである。つまり「完全に知っているものは信頼する必要はないであろうし、完全に知らないものは合理的には信頼することができない」わけなのだ。

近代社会において機能的な関係が進めば進むほど人間の生活は、〈不確かさ〉を前提とした人間関係に依存せざるをえなくなる。

ときどき「飛行機には絶対乗りたくない」と語る人がいる。「あんな巨大な鉄の固まりが空を飛ぶなんてことはとても信じられない」という。たしかにいわれてみると、あんな巨大な鉄の固まりがどういう原理と条件のもとで空中を飛ぶことができるかについて、きちんと正確な説明ができるという人はごく少数だろう。しかしたいていの人は巨大なジャンボ機が無事滑走路から飛び立つこと、何よりプロである以上、パイロットが私たち乗客を無事安全に目的地まで運んでくれることについて、漠然と「信頼」を寄せている。

「飛行機が無事目的地につくためには、パイロットに限らず、さまざまな複雑な装置を自在に操るスタッフたちの専門知識と業務に対する専心性が要求されているだろうことは、私たちは何となくわかっている。しかし、いちいち細かい技術的な事柄は私たち素人が把握できることではない。そして彼らの人柄や仕事に従事しているときの精神状態もまた、私たち利用者には把握できるものではない。私たちは、専門家としての彼らの知識、能力、経験や彼らの専門的仕事を支えるシステムを「信頼」するほかはない。

私がいま取り上げた例のように、意図的な隠蔽ではなくても、完全なかたちで知識や情報として伝えきれない内容も、ジンメルにとっては「秘密」の範疇《はんちゅう》に入るのだ。十全には伝えきれない事実というものがどうしても残り、それが実は私たちの近代的生活の根拠を支えている。私たちは〈不確かさ〉の上に複雑に連関する専門分化したシステム（そのメカニズムの詳細はほとんど私たち生活者の立場からは「秘密」の位置におかれている）への「信頼」がなければ、私たちは一日たりとも生活できない状態に置かれている。

この事実は、言い換えれば、私たちの「主体的な」生活は、人格的な関わりのない多くの人びとの行為に依存することによってはじめて可能になっているということでもある。主にそれぞれの職業というかたちで、専門的行為を多くの人びとが誠実に遂行してくれることへの「信頼」が私たちの日常生活を支えている。

「知人関係」という距離のとり方

「目的結合」に代表されるように相手の、人格的側面に全く顧慮しない純粋に「事実的な」関係（ここで「事実的」というのは、純粋に相手が「事実」として行なう行為が適切か不適切かにしか関心が向かわないという意味だ）と、後に問題になる「友人関係や夫婦関係」のような「親密な関係」の間には、「知人関係」と呼ばれる中間的な性質の関係がある。

知人関係とは、たとえば何かのパーティの場で知り合ったとか会社の取り引きの関係上名刺交換をして顔見知りになっているとかそういう程度の関係だと考えればよいだろう。いわゆる「顔つなぎ」とか、いろいろな会合やパーティにまめに出席して「顔を売る」なんてことが、社会人になるとけっこう必要になったりするというレベルでの関係だ。

よく「ああ、○○さんのことならよく知っていますよ」という台詞を人が集まるいろいろな場所で聞くことがある。しかしジンメルによれば、「人が一定の人物を知っているとか、さらにみずからよく知っているということによって、まさしく彼は真に親密な関係の欠如をきわめて明瞭に示している」のだ。

「人は「よく知っているという」この標題のもとで他者について、この他者が外に向かって何であるかを知るにすぎない。つまり、純粋に社会的・体面的な意味においてか、あるいはこの他者がわれわれに示すもののみを知っているにすぎないという意味において知っているにすぎない。」

（ジンメル『社会学』第五章）

しかし、ここで注意しなければならないのは、ジンメルはこうした関係が〈うわべだけの嘘の付き合い〉で、〈ほんとうの付き合い〉とは、もっと相手の内面的な部分をすべて理解するような濃密な関係なのだ、ということをいっているのではない、ということである。むしろ彼の考えでは、この「知人関係」という距離の取り方が、近代以降の私たちの関係あるいは他者に対する態度の取り方においては、重要な位置を占めていると考えられるのだ。なぜなら、このような「知人関係」

では、「配慮」という対人関係の距離の取り方における基本的態度が問題となるからだ。

ジンメルの発想を私なりにまとめると、次のようになる。

《「知人関係」は、当人どうしが「社会的・体面的意味において」関係するために、〈ほんとう〉のコミュニケーションではない、うわべだけの表面的な人間関係と思われるかもしれない。しかしそうではない。「知人関係」は、とりわけ近代以降私たちが適切な距離感をもって関係を形成していくための最も大切な〈心的構え〉を要求するという点できわめて重要な意味をもつ。そしてその〈心的構え〉が「配慮」である。配慮とは、まず第一に「秘密への配慮」、つまり相手が隠したがっていることをあれこれ詮索《せんさく》しないということを意味するが、そればかりではない。どうしても隠したい、とまではいかなくても「他者が積極的に明らかにしないすべてのことについての知識から人が遠ざかるということにおいても成立する」のだ。さらに「配慮」とは、「人びとが知ることを許されない特定のことでなく、全人格に対して行なわれる全くの一般的な遠慮」なのだ。つまり配慮しあうということは、〈私から見えるあなたは決してあなたそのものではないでしょうが、そのことを充分踏まえて私はあなたの人格の全体性を尊重します。ですからあなたも私にそのように接してほしいです〉といった相互的関係を意味するのだ。》

この「知人関係」と「配慮」に関する論述において、ジンメルはいわば適度な距離感覚をもった洗練（ソフィストケート）された人間どうしの関係を想定している。ジンメルがイメージしている「知人関係」の原型はおそらく貴族社会において花開いた「社交」関係ではあるだろう。しかしながら一人ひとりの大衆にとって「配慮」にもとづく距離の取り方が求められたのは、「プライバシー」という感覚が確立する近代なのだ。「配慮とは、直接的な生活内容の領域に関する権利感にほかならない」というジンメルの考えは、まさに「プライバシー」について語っているわけだ。このことを彼はまた「精神的な私有財産の権利」とも表現している。つまり「人間の内的領域」を他者に侵犯されない権利というものを近代を生きる私たちはもっているのであり、こうした「配慮義務」は「プライバシーの保護」として法的権利として現実化されている。

しかしコミュニケーション問題としてこの点を考えてみると、話は必ずしもそう単純には片づけられなくなる。

〈つい伝わってしまう〉こと

配慮（そしてプライバシー）とコミュニケーションの問題は、およそ次の二つの面から検討されなければならないことになる。

一つは当然のことではあるが、私たちは何かしら自分を他者にさらさなければ他者とのコミュニケーションは不可能であるということだ。したがって自分の「内的領域」を全く隠蔽したかたちで他者と関係することは不可能であるし、何かしらのかたちで他者が自分の内的領域をかいま見ることは拒否しきれないということである。だから「精神的な私有財産の権利」は「絶対的な意味においてはほとんど是認《ぜにん》されることがない」。言い換えれば、コミュニケーションとは絶えず「精神的な私有財産」を他者に譲り渡す行為にほかならない。

二つ目の問題は、ジンメルのコミュニケーション論としての秘密論のとりわけユニークな論点に関わる。それは人間のコミュニケーションにおける次のような原理的事実にもとづいている。

「人間の全交流は、より明瞭でない微妙な形式において、つまり断片的な萌芽を手がかりとして、あるいは暗黙のうちに、各人が他者についてその他者がすすんで明らかにするよりもいくらかはより多くのことを知っているということにもとづいている。しばしばその多くのことは、それが他の者によって知られるということをその本人が知れば、本人には都合が悪いことなのである。このことは、個人的な意味においては無配慮とみなされるかもしれないが、しかし社会的な意味においては、生きいきとした交流が存続するための条件として必要である。」

（ジンメル『社会学』第五章）

これはどういう意味だろうか。ひと言でいえば、私たちのコミュニケーションは〈伝えたいことがそのまま伝わる〉という伝達者の主体的能動性の発動という側面を越えて、伝えたいこと以上に、〈つい伝わってしまう〉ことの方が思いのほか大きいということだ。つまり伝達者の能動的制御を越えて〈コミュニケートされてしまう〉という側面が大きいのだ。

この章のはじめでもみたように、もちろん私たちは「秘密」や「虚言」などを駆使することによって、伝達される情報を極力自分のコントロールのもとに置こうとする。あるいは自分自身に対する他者の像を自分の描く自己イメージに近いかたちに理解されたいと考えたりする場合もある（そういう欲求があるからこそ「あの人は私のことをちっともわかってくれない」といった他者に対する非難の気持ちが起こったりするのだ）。

しかしこの文脈でジンメルが私たちに教えていることは、コミュニケーションを制御したいという私たちの欲望は、〈原理的な限界〉によって規定されているということだ。

「心理学的に敏感な耳をもつ者には、人間は幾度となく自己の最も秘められた思考や性質を漏らす。」

（ジンメル『社会学』第五章）

私たちのコミュニケーションの一つの本質的な側面は、〈つい伝わってしまう〉あるいは〈コミュニケートされてしまう〉という、人間の意識的制御を越えた性質なのだ。*

＊この問題を具体例を使ってちょと補足的に説明しよう。たとえば、いつも授業に遅れがちな学生が遅刻しないで教室に来たときに教師が、「おっ、今日はめずらしく早かったんだな」といった声掛けをしたとしよう。このような声掛けは、教師の側に全然悪意はなくても、場合によっては、「お前はいつも遅刻ばかりしてくるダメな奴だ」といった否定的メッセージを送られた気分に学生を落ち込ませる場合もある（もちろんそうはとられない場合もある）。また、地方で暮していると、顔見知りになった近所のおじさんやおばさんが、「今日はどちらへお出かけ？」などと声をかけてくる場合があるが、これもときと場合によっては、「プライバシーをあれこれ詮索してくる口うるさい人たちだ」といった解釈をしたくなる場合だってある（いっている当人は、ほんのあいさつ変わりのつもりが多いのだが）。このように、ジンメル的観点からすると、人間のコミュニケーションがもつ〈つい伝わってしまう〉という性質とは、言葉以外の仕草や顔色といったボディランゲージだけを意味しているのではない（もちろんそうした側面から〈伝わってしまう〉ということも、対面状況では多分にある）。むしろ、言葉の意味内容そのものが、常に本人の意図や伝達したい内容を越えて相手に伝わる（理解されてしまう）という側面をもつということを指しているのだ。

「親密な関係」における秘密の役割

さて、次に第三の人間関係の類型と秘密の関係をみていこう。それは、「友人関係や夫婦関係」といった「親密な関係」だ。この親密な関係における秘密の果たす役割をジンメルはとりわけ重要なものとして位置づけていると私は考えている。というのは、私たちの社会の常識が教えるところによれば、親密な関係こそ秘密（もしくは情報や心情の隠蔽）から最もかけ離れた関係であり、極端にいえば秘密と親密な関係とは全く相いれないものと理解されることが多いからだ。つまり親密な関係において秘密はあってはならないものであり、秘密があるということは関係の親密さを否定することだと考えられる場合が多いのだ。しかしジンメルはこうした考え方に疑いのまなざしを向ける。

「分化」の進んだ時代における友人関係

まず「友人関係」についてその問題を見てみよう。

「友情の理想」は古代から受け継がれ、「ロマン主義的な意味」において新たに形成されつづけてきた。それは「絶対的な心からの親密さ」というものがめざされ、あらゆるものを共有することが理想とされた。

しかし、そうした理想は「現代人」にとってはほとんど不可能な要求となっている。現代を「分化」の進展した時代ととらえるジンメルは、何より現代人の社会的存在のあり方が複合的で多面的な役割の担い手として多様化していることに特徴づけられていることに目を向ける。こうした場合、人格的、感情的そして行為のすべてにわたって相互によく知りつくすような関係を築き上げることは不可能だろうというわけだ。

「現代人はあまりに多くのことを隠さなければならないため、古代の意味における友情を保つことができず、おそらく人格もまたきわめて若い年頃を除けば、あまりに独特に個性化し、そのことが完全な相互的理解と［相手を］端的に受け入れることを不可能にしている……。それゆえ現代的な感情様式は分化した友人関係へ、つまりはさまざまな領域のそれぞれの一側面のみにもつ友人関係へとますます傾き、他の側面はそこに入りこまないように思われる。」

（ジンメル『社会学』第五章）

こうした人間関係の傾向は、友人関係に限らず現代社会の人間関係の一般的傾向として、いろいろなかたちで指摘されてきている。そしてその多くの場合は、こうした分化した人間のあり方は、他者を自己のエゴイスティックな欲望の満足のために〈手段視〉するような疎外された意識であると批判の対象とされてきた。身近な例で思い出すのは、学期末にノートを借りる目的のために、あらかじめ成績のよさそうなまじめな同級生と仲よくしておこうと考える大学生とか、バブル期の一時期流行語ともなった「アッシー」「メッシー」「ミツグ君」のようにボーイフレンドを使い分ける女の子などだ。

しかし、ジンメルが「秘密論」において描こうとする分化された人間どうしの関係とは、こうした互いの〈手段視〉から成り立つような「疎外された」人間関係というニュアンスとは異なる側面に焦点が当てられている。それはひと言でいえば、人間の生活が分化し多様な役割の担い手として人間のあり方が多面化していることが、現代における親密性の生成の〈前提〉だという発想に彼が立っているということである。ここでもまた「心的距離」ということが問題となる。

次に論じる「夫婦関係」を見ればはっきりするが、ジンメルはなんでも共有している〈透明な関係〉を親密な関係の理想とはみなしてはいない。それはこういうことだ。

親密性を基礎づける心的なあり方は彼のいい方によれば、「配慮」である。先ほど見たように配慮は、秘密（あるいは自分と他者の距離、異質性への自覚）を前提にしている。そしてこの他者との距離の感覚や異質性への自覚というのは、社会的存在としての人間のあり方が多元化し多様化した近（現）代でこそ可能になった心的感覚だといえる。ジンメルは配慮にもとづく親密性を「自己顕示と自己抑制」の総合というかたちで理解する。つまり自分をさらけ出すことと自分を抑えることのバランスの自覚に立った相互的関係形成が親密性の条件であり、こうした態度は他者との心的距離をあれこれ配慮することができる「現代人」にこそ可能だと考えられているのだ。

親密な夫婦関係がはらむ危機

こうした点は、「夫婦関係」においていっそう微妙で複雑なあり方をみせる。

いわゆる「ロマンティック・ラブ」を中心的原理として要求される家族の形成が近代に独自のものであるということは近年の家族社会学においても指摘されている（もっともそのことについての「価値判断」については積極的評価、否定的評価のそれぞれがある）。実はジンメルの家族観はまさに近年のこの家族社会学の見解と一致している。つまり、彼は現（近）代になってはじめて「親密性」

を核とする「夫婦関係」が一般的に成立したとみる。そしてその関係がはらむ可能性と困難さについて「秘密」を足がかりに考えている。

まず「近代的な婚姻の長所」とは何か。それは夫婦のコミュニケーションのあり方について制度による制限から一切自由だということである。

近代「以前の文化」ではそもそも婚姻はどのようなものであるのだろうか？

「婚姻は原理的にはけっして性愛的な制度ではなく、たんなる経済的・社会的制度にすぎず、愛の願望の満足はたんに偶然に婚姻と結びついたにすぎず、婚姻は、もちろん例外はあるにしてもたんに個人的な愛着のみからではなく、家の結びつき、労働状態、子孫といった理由から結ばれる。」（ジンメル『社会学』第五章）

そこでは夫婦の生活内容は「先天的で超個人的な規則」によって、つまり昔ながらの伝統や慣習などによって大きく縛られる。個人的な愛着や親密な心情や性愛的な引き付け合いはむしろ制限され、たとえば家全体を統括する家長と家事全般を司る妻といった、それぞれに与えられた制度的役割的側面が関係の基本を作る。

一定の制度的役割の担い手として、いわば行為のマニュアルとしての「先天的で超個人的な規則」によって相互の振る舞い方が規定されていれば、人はあえて自分自身の心の働きとしての「配慮」の感覚を研ぎ澄ます必要もそのきっかけも生じない。他者との距離への細やかな「配慮」、つまり知ってよいことと知らない方がよいこととの微妙な判断などは働かせることはできない。現（近）代の「親密な関係」とは、まさにこうした「配慮」という心性を必要としているのである。

しかしこうした「配慮」という心性が、近代的婚姻においても実はなかなか実現されない固有の理由があるとジンメルは考える。それは何だろうか。

あますところなく溶けあいたいという欲望

それは近代的な婚姻がもっている次のような「誘惑」、とりわけ「最初の時期［つまり新婚期］」に「まったく互いに同化しあいたい」という誘惑に駆られることである。近代的婚姻は、互いの性愛的牽引力（つまり恋愛感情）によって魅きつけられることによって、まず肉体的な一体性を求め、さらに精神的な一体性をも求める。「お互い完全にあますところなく溶けあいたいという誘惑」に駆られがちなのである。

近代以降の結婚は、家どうしの利害や財産の保持などではなく、原則として当人どうしの愛の感情によって結び付くことによって成立する。つまり肉体的、精神的一体化への欲求が一対の男女を継続的な関係へと結び付ける。そうした傾向はややもすると〈すべてを共有したい〉〈相手のすべてを知りつくしたい〉という〈距離ゼロ〉の関係を求めがちなのだ。

しかしジンメルによれば、「これはたいていは［夫婦の］関係の将来を大いに脅かすだろう」という。つまり関係の「絶対的な統一性」を求めることは、近代的夫婦関係のような親密な関係でさえ（いやむしろ親密な関係であるからこそ）関係の解体の危機を招く恐れがあるということである。

ここでも彼が強調するのは「秘密」的態度がもつ積極的意義である。「親密な関係」であるからこそ、むしろすべてをさらけ出すのではない「繊細さと自制」が要求されるわけだ。むしろそうした心的態度が時代の要請として一人ひとりに求められるようになったということである。その意味でこうした心的態度は、たんなる個人の心構えとして語られているのではなく、近代以降という時代に特徴的な親密性という関係性そのものが要求する態度だということなのである。

「秘密」は人間関係に奥行きをもたらす

さてこれまでみてきたジンメルの「秘密」論から浮き彫りになってくることを最後にもう一度確認しておこう。

まず、ジンメルの観点からすると、「秘密」とは、直接的には相手に対して故意に情報を隠蔽しておく状態を指すが、もっと広義には私たちに原理やメカニズムがきっちりと見通せないような状態をも意味する。その結果、私たちのコミュニケーションの本質に関わる概念となる。

意図的に作りだされる隠蔽された状態ばかりではなく、すべてを見通せない状態が無意図的に作り出されるということこそが人間の欲望を駆り立てる。というのは私たちはすでによく見聞きしてしまっているものよりも、未知なるものをもっと知りたいと思い、もっと味わいたいと考える存在だからだ。しかし全く手がかりのない未知なるものよりも、その性質や特徴をある程度かいま見れるようなものにこそ心魅かれる。そこに「秘密」が私たちの「生」に肯定的に作用する理由がある。それは事物に対する未知性としても現われるだろうが、他者との関係において「秘密」は、人間関係に限りない奥行きをもたらすものとして理解される。

だから距離がゼロという「融解集団」的な人間関係は、たとえ親密な関係においても理想状態として想定することはできない。というよりも理想状態として想定すること自体が大きな危険をはらんでいる。たとえば私を理解してくれる人はだれもいないといった絶望は、〈私のすべてを受け入れ、すべてを理解してくれる〉他者を求める過剰な期待による場合が多い。むしろ、〈私のすべてを受け入れ、すべてを理解してくれる他者〉なんてどこにもいないことをしっかり自覚して、適度な距離があり、お互いの「秘密」を前提とした人間関係においてこそ互いを慮《おもんぱか》ったり、想像力を働かせることで〈相互の関係を深く味わう〉ような親密な社会関係の形成が可能になるといった発想の転換が必要なのだ。

私は、ジンメルの「秘密」論は右のように読み取ることが可能だと考えている。それは他者とのコミュニケーションに関して大きなヒントを与えてくれるものだ。〈ほんとうに信頼できる他者〉とは、お互いのことをすみずみまですべてわかり合ったりすべての考え方が同一化するようなこととは全く次元の違う存在だということ。他者を理解したり、他者を愛したりするためには、人と人との「距離」ということに私たちが鋭敏になる必要があること。また「近代」という時代はそのことを可能にし、さらにそのことを私たちに要求している時代だということ――こうした点についてジンメルの秘密論は、豊かな内容を提示しているのだ。

第六章　「闘争」がダイナミックな人間関係を作る

「平等」概念をキーに考えてみる

第四章の冒頭で、学生時代の私は自分を受け入れてくれる〈ほんとうの社会〉はあるのだろうかという思いに囚われ、またそれが私一人の問題ではなく、多くの人びとに共有されている願いであるはずと考え、そうした観点からみると、現代の日本社会は〈ぜんぜんダメな社会〉としてしかイメージされなかったということを述べた。そのときの自分の社会感覚をもう少していねいに解きほぐしてみることによって、この章では「平等」という概念が〈私〉と「社会」をつなぐキー概念としてどのような意味と問題点をもっているかについてみていきたい。

当時の私の日本に対するイメージは、ひと言でいうと〈平等という絶対的な価値がちっとも実現されていないダメな社会〉だ、ということだった。学歴格差やそれに伴う経済的格差、男女差別の構造、地域間格差、それらすべての社会的条件によって左右される個人の能力の格差——そうした差別や格差としての「不平等」こそが解決されるべき諸悪の根源だ、逆にいえばこうした不平等を解消すれば社会的問題の大筋は解決されるはずだ——非常に単純にまとめればだいたいこのように考えていたように思う。

ひと言でいえば、「不平等社会」日本の現状を打破しない限り私も含めて多くの人びとの幸福や自己実現はやってこない。あるいは、もしこのような社会で幸福や自己実現を感じるとしたら、それはいわば嘘の（＝虚偽の）幸福であり自己実現だ、そのような状態に満足するわけにはいかない——そんな思いがあった。

しかし現実の日本社会では、実際多くの格差や差別といった不平等がありながらも人びとはなんとか自分たちなりの幸福や自己実現を求めて暮らしているし、それなりの幸せもつかんでいるようだ。とすると自分の社会批判の拠点はいったいどこに置いたらよいことになるのか？　そうした人たちは、社会のメカニズムにだまされて、嘘の（虚偽の）幸せに踊らされているかわいそうな人たちなのだろうか？　それとも私の考え方が間違っているのか？　ほんとうによくわからなくなってしまったのだ。

自分たちの〈「生」の不全感〉の原因をいったいどこに求めるべきなのか？　ごく単純ないい方をしてしまえば、その原因を社会の側に求めることができるのか、それとも自分自身の責任に帰属させるべきなのか？　いい換えれば社会が悪いから自分の「生」は貧しいものになるといういい方がなりたつのか？　それとも自分が悪いからいつまでたっても「生」の満足感をつかめないのだろうか？　あるいはどのような問題を社会の問題として帰属させることができ、どのような問題を自分自身で引き受けるべき問題とすることができるのか？——そのような問いは多かれ少なかれ、だれの身にも覚えがあることだろう。

こうした問題の根本には、私たちが社会を為して生きているという原事実があり、しかもそうした社会的関係は必ず、それぞれの「競い合い」や結果として生じる「上位—下位」関係によって大きく影響を受けるという事態が存在する。それらがさまざまなかたちで現われる「不平等」という結果を引き起こし、そのことが私たちにさまざまなかたちの「生」の不全感をもたらしているという面がたしかにあるだろう。

「自由」と「平等」は両立するか

中学の歴史の時間でも必ず習うように、フランス革命に代表される「市民革命」以降の近代社会の二大価値理念が「自由」と「平等」だ。しかしちょっと考えればわかることだが、この自由と平等という理念は、何の矛盾もなくたやすく両立する概念ではないのだ。それは自分の身のまわりの生活をちょっと振り返ってもらえばわかる。自分が自由に活動をしてなんらかの成果や目的を果たすということは、そのおかげで同じような成果や目的を果たせないほかの多くの人びとを生み出すということがおうおうにして多い。私たちが自ら求めて（ということは自分の自由な意志を働かせて）得た社会的ポジションは、優秀なほかの人間がその位置を占めることを、いわば「否定」するかたちで保持されていることも多い（職場における出世競争などを思い起こしてほしい）。

いま指摘したように、私たちは一人で生きているわけではなく、多くの人びとの関係の網の目のなかに生きているのであり、そこではそれぞれの人間が自分の自由な活動の可能性の場を求めて、それぞれ競い合ったり、あるいは上下の関係を構成しながら生きている。

しかし、「平等」という理念は、〈競い合い〉が、こうした人間の「生」に対してもつ積極的意味を消し去る方向で極端化することがある。それがいわゆる「絶対平等」の理念である。「理念」というものは確かに絶対化を招きやすい性質をもつ。自由という理念が絶対化されるとそれはあらゆる秩序やルールそのものを否定しようとする破壊的な行動として現われ、平等が絶対化されるとすべての人間の差異を消し去ろうとする欲求を生み出す。貧富の差はもちろん、個人の能力の差あるいは性差そのものなどを否定しようとする思想的動きが、歴史的にずっと繰り返されるゆえんがここにある。

個人的な体験から――「能力」の圧倒的差異

さて、こうした問題について考えるにあたって、ちょっと個人的な体験から説き起こしていきたい。

いまでもはっきり覚えているのだが、中学一年生のとき、夏休みの「技術・家庭」の宿題に「製図」の宿題が出た。ケント紙という製図用の紙にペンとインクを使ってサイコロの展開図を描いてくる単純なものだったと思う。しかしペンにインクを染み込ませながら均等な厚みの線をまっすぐ引くことは思いのほか難しく（せっかく引いた線を手の腹で触ってかすれさせてダメにしたりした）、私は何枚ものケント紙に失敗を重ねながらようやく宿題を完成させることができた。でき上がりはまずまずという感触だった。

やがて夏休みが終わって、学校がはじまりいろいろな宿題をやり終えて私は登校した。「技術・家庭」の時間がやってきた。私は折り曲がらないようにていねいにもってきた例の宿題を自分の机からおもむろに出し、先生のところに提出しに行こうと自分の席を立った。そしてそのときほかの同級生が提出しようとする作品が自然と目に入ってきた。その瞬間私は愕然《がくぜん》となった。全身の力が抜けてしまった。自分が描いたものとほかのクラスメートの描いたものとの間には何か決定的としかいいようがない違いを瞬間的に感じとったからである。線の厚みの均質性、線と線との交わりの九〇度の角度の正確さ、角の部分の接合の自然さ、――どれをとっても、私以外の生徒が描いたものは機械か何かで描いたような見事さだった。私一人のものがいかにも「手描き」風の味わい？（製図なのだからそれは一番ダメなことだ）が出ているのだ。だれの作品をも見ずに家で一人で自分の作品を見ていたとき感じた出来映えと、いまほかのクラスメートの作品を比較したときに感じる印象とは全く違っていた。

しかし私にとっての悲劇はまだ終わらなかった。隣のクラスのFという生徒の作品が「市」か「県」のどちらかの賞をとって戻されてきて、金色の紙が付されて隣の教室の後ろに張り出された。廊下からなにげなくそれを見た私は再び愕然とした。とにかくそれは私にとって人間業《わざ》とは思えなかった。どう見ても私と同じ一三歳の子供が手で描いたものとは思えなかったのだ。線の均等さ、なめらかさ、隅々にいたるまでの神経の行き届いた正確な仕上がり――色も使わず、描いてある対象は単純なサイコロの展開図なだけに、私はFとの能力の差をまざまざと見せつけられたという感じをもった。

「挫折」のシミュレーション

これが一番印象に残っている体験だが、そのほかにもそうした絶対に越えられない能力の壁のようなものを私は学校という人工的な空間のなかでいろいろなかたちで学ばされたように思う。私はとにかく手先が不器用だったので、「美術」の時間に絵を描いたり、粘土をこねてオブジェを作ったり、「技術・家庭」で本棚を作らされたりすることがすべて苦手であった。また、そうした作業にはほとんどかならず校内や市や県などの「コンクール」というものがついてまわるので、出来のいい子たちの作品はそれぞれのレベルに合わせて賞を取り、その表彰式が各学期のはじめの朝礼の時間にあったりした。それを羨望《せんぼう》のまなざしで見ていたものである。「この世から美術と技術がなくなればいいのに」——中学校のころにはそう思ったことも一度や二度ではない。とくに教室の後ろにそれぞれの作品が張り出され比較され、だれが優秀賞をとったとかとらないとかいうことが、こうした分野の落ちこぼれだった私にはとても苦痛だった。

しかし、そうしたなかで、自分には絶対描けない絵、絶対に作れない本棚、絶対発想すらできないようなポスターを作り上げる同級生たちには、正直にいって尊敬の感情ももつようになっていった。中学に入学してからは、小学校までは何となく漠然ともっていた〈全能感〉みたいなものが徐々に失われ、私は自分自身がいかに能力の「限界」をもった存在なのかを徐々に知ることになる。しかし同時に自分が不得意なことをやすやすとやり遂げてみせる仲間たちには、「あいつらには逆立ちしたってかなわない」という思いから、やがて彼らへの敬意あるいは人間そのものの能力への畏怖（きっとこの学校では才能があるといわれている彼らだって、画家や職人として身を立てるほどの才能なのかどうかはわからない。おそらく世の中には上には上がいるのだろう、というかたちで）の感情をもつこともできた。とにかくうまい奴の絵は、ほんとうにこちらがアゼンとするくらいうまいのだ。しかしそうした彼らだって、やはりいまではふつうの暮らしをしている（実際に右で挙げたFにしたって、別に設計技士や建築家になったわけではなく、ごくふつうのサラリーマン生活を送っている）。別に職業などに直結しなくても、隠された多くの能力をもった人たちが「市井」にはゴロゴロいることーーそうした〈ふつうの人びと〉への敬愛の感情を、中学校や高校の学校生活をきっかけにし、しだいに育むことができたような気がする。

「平等」は絶対的な理想状態か

以下この章では、過度の平等への過信、つまり「絶対平等」への要求は、かえって人間の生の意欲を損なうものであるというジンメルの批判的意識を浮き彫りにしながら、他者との〈競い合い〉という相克的関係を、〈私〉という場からどのように理解していったらよいのか、ということについて詳しく見ていきたい。

人間はだれでも自分の生活がうまくいかなかったり、他者からの承認が得られなかったりするときは、「社会」の側に責任を押しつけたくなる。そのときに真っ先に浮かぶ決まり文句が「不平等社会（日本）」というものだ（このところはさすがに「不自由社会（日本）」といういい方は聞かれないようだ)。たしかにいまの日本にはさまざまなかたちの不平等がある。たとえば性差にもとづく職業機会の不平等などはその典型であろう。しかしだからといって性差そのものを否定するようなかたちで、一部のフェミニズムが展開する理論はやはり誤っていると私は思う。同じようなかたちの問題は、「闘争」や「競争」をめぐっても実は生じている。たしかにアンフェアな競争や敗者に全く立ち直る機会を与えない競争は問題である。しかしだからといって、平等を重視するあまり、人びとが競い合った結果として、個々人の能力の差がはっきり現われることを隠蔽したり、極端に恐れる風潮がときおり見受けられることは、やはり別の意味で問題を感じるのだ。

闘争・競争をめぐる理念と現実とのギャップ

たとえば、私が小中学生のころには考えられなかったことだが、このところ学校の運動会の徒競走で順位をつけないことがかなり一般化していると聞く。また、騎馬戦に代表されるような生徒の闘争心をかき立てる種目も、以前よりはあまりみられなくなったようだ。さらに、中間試験、期末試験などの定期試験を全廃して、いわゆるペーパー試験での順位づけを止めた栃木県の中学校が、マスコミの話題になったりしたこともあった。「競争主義に陥ると授業から落ちこぼれる人間が出て、保健室登校などの問題を生む」というのが学校長の考え方のようだ(一九九八年二月二五日共同通信配信記事)。

学校という社会空間を中心に広がるこうした傾向は、何を意味するだろう。そこにみられるのは、ひと言でいって、他者との競争や闘争を通じて、他人よりも優位な位置を獲得しようとすることそのものへの嫌悪であり、競争や闘争は、人間関係の積極的な機能を果たさず、むしろ人間関係を損なうものであるとする理解である。

しかし、一方で近年（とくに一九九〇年代後半の「金融ビッグバン」以降）のわが国では、企業間の競争や就職をめぐる競争がますます激化している。俗に「終身雇用」といわれた（実態はかなりマユツバではあったとしても私たちのなかのイメージとしてはかなり根強かった）日本の雇用慣行を象徴する形態はもはや崩壊したことが声高に論じられ、「能力主義」「グローバル化」の掛け声のもと、競争意識の尖鋭化が求められている。

私たちが生きる社会は、厳しい（むしろ厳しすぎるほどの）競争社会という現実の顔をもっている。しかし、一方とくに学校を中心とする教育機関では、競争や闘争は何かしら肯定的な位置づけを与えられる余地はだんだん少なくなっている。そこに見られるのは、現実と理念との間の大きなギャップである。「絶対平等主義」に傾きがちな学校的価値観と、これまた「絶対的能力主義」の方に流れていこうとする企業社会の趨勢《すうせい》との間の埋めがたい溝の存在は、若い人たちが自分と社会の関係を築いていこうとする際の大きな障害となるように私には思われる。

もしも競争や闘争を否定的にしか位置づけることのない教育方針のもとに学んだ生徒たちが、自らが受験競争（戦争）を体験し、また、社会に出てあらためて多様な競争の波にいやおうもなく巻き込まれていくとしたら……。しかも自分がそうした競争や社会的闘争のなかで必ずしもいいポジションを得られない場合（そして、いうまでもないことだが、多くの競争や闘争的関係は、少数の――場合によってはたった一人の――勝者と大多数の敗者から成り立っている）、いったい彼らはどのような思いや感慨をもつだろうか。

「やはり、争いや競争こそが悪の元凶だ。競争や闘争の全くない絶対的に平和な社会こそが人間にとっての理想社会だ」「競争や闘争をなくせないこの社会はやはり根底的に誤っている」、さらには「大部分の大人は競争社会を口では批判したりするかと思うと、実際の行動では会社での立身出世競争にあくせくしたり、子供には学歴競争で勝つことを要求したりする。親も先生も、そしてそもそも大人なんてちっとも信用できない」……。

そこに生じるであろうこうした心情は、社会全体や大人一般に対する根強い不信と否定的感情だ。そしてたしかにそうした考え方に一理あることも、むげには否定することはできない。日本のみならず、先進資本制諸国における競争社会としてのその性格は、思わず、他者との競争そのものを否定しつくしたい衝動に私たちを追いやる。

しかし、本当に争いや競争を廃絶することが「よい社会」の必須の条件なのだろうか？　また現実的に考えて、競争や闘争を全くなくすことはそもそも可能なのだろうか？――競争や闘争に関するこうした基本的な問いに関して、ここではジンメルの『社会学』第四章「闘争」*をたたき台にして考えていきたい。

＊本章で用いられる「闘争」という語は、ドイツ語のStreitの訳語であるが、人びとが対抗したり、競ったり、争ったりするといった対立的な人間関係の総体を意味する。闘争という語はややもすると争点や自己の立場を明確に把握している者どうしの対峙《たいじ》を連想させるが、しかし、ここでジンメルがいう「闘争」とはもっと広い意味であり、いわば人びとが〈競い合うこと〉そのものにまつわる

いろいろな心情をも含んでおり、たとえば、人びとが何となく反感をもったり緊張関係をもったりすることから、果ては労働運動や階級闘争にいたるまで広く関係の対立一般を含んだ語として用いられている。

「闘争」の積極的な意味

人間どうしが「争うこと」は、社会学的に「意味を帯びた」関係であるということ、このことを否定する者はだれもいないだろう――ジンメルはそう断言する。しかしそうした消極的意味においてではなく、「闘争」はもっと積極的な意味を帯びていると彼は考える。

何より「闘争」は「最も生き生きとした相互作用の一つである」。つまりそれ自体が人と人を関係づける社会関係形成（＝「社会化」）の一形式なのである。

「統一」と「闘争」、あるいは「協調」と「対抗」という言葉は意味が全く対立する〈反対語〉だととらえられている。しかし右のように考えれば、むしろ〈対語〉であるといった方がよいだろう。さらに「統一」や「協調」、そして「闘争」や「対抗」にも対立する言葉は「無関心」であるとジンメルは考える。闘争は、関係を形成する「積極的な契機」であり、さらにいえば闘争のような対立的な契機を全く排除した人間どうしの関係はちょっと考えにくいと彼はいう。

それはどういうことだろうか？　関係の「統一性」というと、ふつう私たちはお互いを強く結び付け合う〈正の方向の力〉ばかりを考えがちだ。しかしジンメルは、〈正の方向の力〉だけで成り立つ統一的な関係など現実の生活においてはどこにもないと考える。

たとえば、「人格の統一」というものを取り上げて考えてみよう。彼が人格の統一を例に上げるのは、人間の人格とはある意味では最も統一のとれた（また統一がとられるべき）ものとしてイメージされがちだからであろう。ところが、個人の人格が統一されているというのは、人格を構成するいろいろな要素が矛盾なく配置されることや社会的規範と個人の人格とが完全に調和したりすることを意味しない。むしろ相対立したり相矛盾したりするいろいろな要素が、さまざまな反発力や緊張関係を内に含みながら、ある種のまとまりをとっている状態、それが「人格の統一」であるとジンメルは考える。矛盾があったり、相反する特徴が複合的に絡まっていることが、むしろノーマルなのである。そしてそのことは集団の形成や維持・発展というレベルでの「社会的な統一」についても同じだと彼はいうのだ。

ジンメルは、競争や闘争といった一見すると負のベクトルをもつ力が、社会関係のダイナミズムや諸個人の「生」の意欲に、いかに大きな影響力をもつかについて力説する。先ほども指摘したとおり、今日の私たちが生きる日本社会は、現実においては過度の厳しい競争社会の性格をもつ反面、思想や理論という側面からは、競争や闘争を全面的に否定しようとする傾向がかなり見られる。いわば現実と理論が大きく乖離《かいり》した状況が続いているのだ。

そうした今日の状況を考えると、闘争や競争を社会的相互作用の不可欠の契機として位置づけようとするジンメルの考え方はかなり興味深いといえるのではないだろうか。

ダンテの楽園と現実の社会

私たちはややもすると、反対や対立や争いが全くない社会を理想の社会として夢想しがちである。現実の社会はそうはならないとは思いながらも心のどこかでそうした絶対一致、絶対平和の社会こそほんとうの社会ではないかと思いがちなのではないだろうか。

「しかし」とジンメルはいう。「ダンテが楽園のバラのなかに認めた聖者の社会は、そのような「争いや対立の全くない」状態であったかもしれないが、しかしそれはまたいかなる変化と発展をも欠いていただろう。」現実には「いかなる社会的な統一体」も、そのなかに「諸要素の収斂《しゅうれん》する方向」と「拡散する方向」とが両方絡まり合っていなければ、存在できないだろう。

私たちの「生」の営みを可能にするのはつまり、肯定的、協調的、調和的な力や要素ばかりでなく、否定的、対立的、闘争的な力や要素でもあるのだ。その双方のバランスのあり方によって社会的な統一の性格が定まってもくるし、また統一を経験しながら新たな関係の構築が可能になっていく。だから「統一」という概念は、「二重の意味」をもつ。狭義の統一の意味は、「社会的な諸要素の分裂、分離、不調和」などに直接的に対置される「一致や結合」という状態である。しかし、社会が統一的な生活をもつというのは、この二つの性格を総合したものとして考えられる「広義の統一」においてであるのだ。

闘争は社会関係形成の力をもつ

さて、では競争や反対という要素が現実に統一や調和といかに結び付いているか？

たとえば資本家どうしの競争。資本家個人どうしのレベルにおいては、この競争をとおして相手

◆競い合いを否定し発展や変化を欠く「聖者のバラの園」

◆競い合いは人びとに生き生きとした躍動感やエロスを与える

より少しでも多くの利潤を上げることが目指される。個々の資本家の活動として、何か統一的な状態が目標としてめざされているわけではない。しかし、資本制というシステム全体のレベルでみれば、そうした資本家間の競争は、結果として社会の生産力を高めたり、より優れた商品開発が可能になるという状態をもたらすのだ（もちろんそうした資本の運動の結果、現実においては、環境問題や資源問題あるいは労働者の雇用問題、過重労働の問題などが引き起こされるという問題点も忘れてはならないのだが）。

また、夫婦の関係も同様の傾向がみられるとジンメルは指摘する。「明らかに不幸だった夫婦」だけにいさかいや不和がみられるわけではない。どんなに仲のよい夫婦であっても調和的関係や価値観の完全な一致のもとに夫婦生活が営まれるわけではない。「ある程度の軋轢《あつれき》」はどんな夫婦にでも必ずみられる。それは内面的に心が離れたり、もっと表面的には口論のかたちをとることもあるだろう。しかし「夫婦が争っているからといって、それだけで夫婦でなくなるわけでは決してない」。適度ないさかいや口喧嘩は、夫婦関係をよりよく維持するための不可欠な要素であるとジンメルは考える。

また闘争的関係がもつ積極的機能は、夫婦関係や家族関係のような親密な集団だけではなく、組織的集団においてもみられる。たとえば、集団内において価値観や意見が合わない人びとに対して、「反対」という態度をとることがもつ機能を考えてみよう。ふつうは反対という態度は組織を解体の方向に向かわせる力と考えられがちだ。しかしジンメルはいう、「反対［という態度］はしばしば、われわれを本来ならば我慢ならない人びととの共存をなお可能にする唯一の手段である」。同じ組織や集団のなかにどうしようもなくわがままだったり粗野だったりする人びとに対して、反対や批判という明確な態度をとる場合、私たちはそういう否定的な態度を媒介して彼らと関係している。

しかし何らかの事情でそうした態度が禁止されていたり、抑圧されていたりする場合、やがては「関係の解体」という「絶望の段階」へといたる。ここでジンメルがイメージしている関係の解体とは、明確な争いや闘争によって関係が壊れるのではなく、だんだんその組織のメンバーが帰属意識をなくしたり組織を運営する気をなくしたりすることによって、組織の活力が低下するような状態のことだ。考えてみればたしかに集団や組織が機能しなくなる場合は明確な闘争によって解体が引き起こされることよりも、闘争が顕在化しないで組織が衰弱するといったかたちで引き起こされることの方が多いのではないか。むしろ組織のリーダーや方針に対して明確な反対の態度をとれたり、それに対する反論がオープンになされたりする方が、組織としての弾力性は維持され組織の活性化が図られるというわけだ。

しかしすべての闘争が、社会関係の形成力をもつというわけではない。文字どおり闘争そのものが目的となるような場合、たとえば相手の存在そのものを抹殺するような「殲滅《せんめつ》戦」の場合もたしかに存在する。とはいえ、たとえ戦争のような生命をかけたやりとりであっても、相手国からの妥協や利害の奪取を目的とする場合が多く、その場合は闘争である戦争は利害をめぐる交渉という性質を帯びる。逆にいえば、とりうる可能な手段のいくつかを差し控えることがなければ、戦争は必ず殲滅戦の様相を呈する（核保有国が実際核を使用した場合や捕虜としてとらえた敵国兵士の人権を著しく踏みにじるような扱いをする場合など)。

つまり、闘争はかならず、統一を志向するエネルギーとの相関において社会関係の形成力をもつのであり、両者が一つになってはじめて、組織や集団は、具体的な生き生きとした統一性を保つのである。

目的としての闘争と手段としての闘争

ほかの人間と競い合うという状態が人間の「生」といかに切り離されたものではないのか? そのことについてジンメルは、闘争がそれ自体目的となっている場合と、それが何かほかの目的の手段となっている場合との質的違いをもとに指摘する。

まず彼が問題にするのは、「敵意」「敵対心」あるいは「反抗心」といったものは、人間の心理の中心的核を形作っているということだ。たとえば私たちは、親友が不幸に見舞われるとたしかに心配になる。しかし同時に心配や同情といった心情とは全く違う何かが生じる場合も多い(どこかで親友のトラブルを楽しんだり、喜んだりする心情である)。エゴイストとしての人間の本性とは、たんに自分さえよければ他人はどうなってもいいという事態だけを意味しない。むしろほかの人間を自分より低い位置におとしめることによって、結果として自分の優位性を誇るという心の動きを示すことがある。また、どんなに従順な人間でも、あからさまに「~しなさい」と断定的に他人から命令された場合は、それに逆らいたいという衝動が瞬間的に頭をもたげることを否定できない。こうした指摘からジンメルがいいたいことは、「他者の否定」を経由することによって人間が自分の独自性や個性を肯定的に確立しようとすることがとても多いということなのだ。

何か明確な理由があって反対や反抗がしたいわけではなく、自分が自分らしくありたいがために他人の意見や社会的モラルに反抗したくなる場合、ジンメルは闘争そのものが自己目的となっていると考える。あるいはそれを「純粋な反対」と表現する（親にちょっとしたことでも注意されると逆らいたくなる「反抗期」の子供たちがそうであろうし、たとえばちょっと古いが、あの永遠の青春スター、ジェームス・ディーン主演の映画『理由なき反抗』がこうした感じをよく表わしているように私には思える）。

闘争が引き起こされる〈条件〉

こうした自我の確証をめざす「抽象的な反対衝動」が、闘争という相互作用を引き起こす場合があること、そしてその結果、人間関係に多くのダイナミズムが生まれることをジンメルはいったんは認める。しかし、彼は、人間にもともとそなわる「衝動」や「本能」といったものだけから闘争や競争を基礎づけるのはやはり無理があるという。「人は敵対的な衝動に心の独立性を認めるかもしれないが、その心の独立性にもかかわらず、敵対的な衝動はやはり敵意の総体現象を基礎づけるに充分ではない」というのである。ではどのように考えたらいいのだろうか。

ジンメルの言い分はこうだ。まず、人間が闘争や対立へと向かう強い傾向をもっていることはいったんは認めよう。しかし、そうした「生」の傾向が現実のなかで実現するか否かは、やはりある種の〈条件〉に依存する。その条件とは、その闘争の結果生じる危険をおかしてまでも何かが獲得されるのかという「客観的利害」が存在するか否かである。つまりそうした利害が存在すると考えられる場合に、人は闘争状態を引き起こす。つまり、闘争とはもともとの人間の自然的本性にかなった状態であると同時に、それが何らかの利益をもたらす場合に現実の場面で尖鋭《せんえい》化すると考えられるのだ。また、そうした条件がないと闘争そのものが持続しないというのだ。闘争は、リスクをはらってでも、それによって何らかの〈利得〉が得られるなという直観が働く場合、引き起こされやすい。

「ゲームのエロス」と闘争

しかし一方、純粋に闘争そのものが目的とされ、それが楽しまれるということもある。いわば人間の闘争衝動が純粋に表現される場合である。これが「競技」である（オリンピックやサッカーのワールドカップのあの盛り上がりは、人間は競い合うことそのもの、そして競い合いを見ることがいかに好きかをみせてくれたとはいえないだろうか）。人と競い合って勝利を味わうことの魅力、つまり「闘争への欲望」は、人間の生の喜びの基本の一つと考えられる。それが最も純粋な形式として表現されたのが、純粋なゲームとしての競技なのだ。

そこでは現実の利害や損得を全くかけ離れて純粋にゲームそのものにおける勝ち負けが争われる。サッカーを例にとれば、丸いボールを大の大人が合計二二人もよってたかって追いかけて相手のゴールに蹴り入れることにあんなに夢中になり、またそれをやはり大の大人が夢中になって観戦するというのは、ちょっと冷静に考えれば何とも不可解なことだといえなくもない。やはりジンメルがいうように、人間はほんとうに競い合うことが理屈抜きで好きなのだなと考える以外にないようにも思えてくる。ゲームをとおしての〈生の悦び〉（竹田青嗣の言葉を借りれば「ゲームのエロス」）は、人間が生きる楽しさを味わえる最大の契機の一つなのだ。

闘争が最も純粋なかたちで追求される（これをジンメルは「純粋な抽象性」と表現する）とき、忘れてはならないことは「統一化を前提とする」ということである。つまり「闘争の原理」が純粋に実現されるためには「結合の原理」が同時に成り立っていなくてはならない。ここでいう結合の原理とは「規範と規則」に対する「お互い双方の承認」のことだ。簡単にいえば、〈ゲームのルール〉を互いに認め合うということだ。

ジンメルが「競技」と同時に挙げる例として「法廷での係争」がある。ここでは「法規のもとへの共通の従属、判決はたんに証拠の客観的な重要性にしたがってのみ行なわれるべきであるとする双方の承認、破棄できないものとして両当事者に妥当する形式の遵守《じゅんしゅ》、手続き全般が社会的な勢力と秩序によってとり囲まれ、それらによってはじめて意味と確実性があたえられるという意識」によって、争うものどうしが「統一と一致の広範な基礎の上」に立っていると考えられる。つまりここで問題になっているのは、客観的にルールが存在しているという事実そのものではない。そうしたルールの存在、さらにはその妥当性（なるほど守るべき価値があるな、という〈納得〉があること）が意識されていることが大事なのである。ここではこうした意識を〈ルール感覚〉と呼ぼう。ジンメルの「闘争論」に関する私の解釈の核は、ジンメルは〈ルール感覚〉を体感している成員どうしの競争にこそ社会関係形成に関するポジティヴな意義を見い出しているという点にある。

人間相互作用のダイナミズムを実現する形式

これまでの検討で明らかになったことを確認しておこう。

ジンメルの考えによれば、闘争は、人間関係にとってネガティヴな作用のみを引き起こすものとして否定されるべきものではなく、必要悪といった消極的な位置づけで事足りるものでもない。むしろ闘争は、人間の相互作用のダイナミズムを実現する関係の形式であり、ポジティヴに評価されるべきものである。しかしもちろん、あらゆる闘争の形態がそのように積極的に評価されるものでもないことはいうまでもない。積極的に評価されるべきなのは「闘争の原理」と「結合の原理」とが統一されたあり方、つまり互いに了解されている「規範と規則」にもとづく闘争である。「まさしく闘争の最も極端で無条件的なものが成立するのは、それが共通の規範と制限の厳格な統一性に囲まれ、支えられることによってである」というわけだ。

しかし、これまでも見てきたように、あらゆる闘争や競争がこうした性格をもちうるわけではない。組織間の競争にせよ、個人間の競争にせよ、こうしたゲームとしての一般的性格を帯びた競争が実現するには、まず第一にそこに参入するプレーヤーが〈ルール感覚〉を共有していることが大前提になる。だから、この〈ルール〉に対する妥当性を了解するという心性を具えた人間とはどういう人間なのだろうか。またそういう心性を可能にする社会の条件とは何なのだろうか――こうしたことが問題になってくる。

『社会分化論』とパーソナリティの「分化」

ここで問題を解くキーワードは、「分化」である。

ジンメルは一八九〇年、三二歳のときに最初の著作となる『社会分化論』を著わす。この本は表題が示すとおり「分化」という用語を基礎に社会と人間相互の発展の過程を論じた「近代性（モダニティ）論」である。現代社会はさまざまに機能分化が進んだ社会であって、より複雑な役割と期待される行為を諸個人に要求すると同時に、出自にしたがった身分のもとで全人格的な帰属を要求する集団や組織が解体することによって、諸個人の自由を増大させる社会でもあるというのがその論の骨子だ。さらにそこで注目されるのは、社会の分化と並行して、パーソナリティの分化もまた同時に起こるというジンメルの主張だ。

つまり、社会分化の結果、多元的な役割と活動の場が与えられた人間は、自分のパーソナリティをも分化して表出する技法を身につける。それは役割の矛盾や葛藤を引き起こすこともありえるが、同時に自由な活動や心性の根拠ともなりえる。

社会の分化と並行して個人のパーソナリティの分化が起こる。そしてこの事態を基本的には肯定的に受け止めよう——これがモダニティに対するジンメルの基本的な姿勢だ。そしてこの姿勢が、闘争とルールとの関係を考える際にも生きている。

ジンメルが社会関係の形成力として評価する闘争のあり方は、たとえば「当事者たちが客観的な関心に満たされている場合、すなわち抗争の関心と、それとともに抗争そのものとが人格そのものから分化している場合」（『社会学』第四章）である。これは次の二つの場合に分けて考えられる。

一つは争いや対立が「純粋に事実に即した決定」をめぐって展開しており、個人的な事情や感情が入り込まない場合である（たとえば、交通事故の示談交渉などを保険会社が代理で行なう場合や、野球などの競技で審判が判定をめぐって協議する場合などが考えられる）。この場合は自分の利害や感情を抜きにどちらに正当性があるかを競いやすく、いわば主観から行ないが分離されていることは比較的イメージしやすいだろう。

わかりにくいのは次の第二の場合である。つまり、闘争がきわめて強烈に「主観的側面」をとらえながら、当事者の客観的態度やルール感覚と共存しているという状態である。私はこのことを格闘技の例で考えてみた。

ボクシング、空手やキック・ボクシングのような格闘技は、直接的な打撃で相手を攻撃することによって相手を倒すか倒されるかの肉体をかけた闘いだ。相手を〈敵〉としてトコトンやっつけなければ自分がやられてしまう。しかし、多くの（とくにレベルの高い）試合の場合、試合が終わったあと選手どうしはお互いの健闘をたたえ合い肩を抱き合う光景が見られることが多い。見慣れてしまうと当たり前のようにも見えるが、よく考えてみればついさっきまで本気で殴り合い蹴り合っていたものどうしが、抱き合って健闘をたたえ合うというのもちょっと不思議な気がする。

ジンメルの観点からみれば、これは、「敵愾《てきがい》心」という〈競い合い〉の心性が、「二次的に引き起こされる憎悪という重荷」を伴わずに、純粋に昇華された状態であると考えられる。

格闘技の相手は倒すべき〈敵〉である。しかし、それは相手が憎くて倒すのではない。お互い納得したルールのもとに純粋に〈強さ〉を競っているわけである。だから絶対に相手を倒すという強

◆ルールを了解しあった闘いは、それぞれの生にとっての充実感や相手への敬愛の情などを生み出す

◆ルールのない闘いは、お互いを叩き潰すだけの「殲滅戦」になってしまう

烈な主観的感情を保ちながらも、お互いの関心の焦点は〈強さの証明〉という「事実性」に向かっているのである。だから試合が終われば、勝者は敗者の健闘をたたえ、敗者もまた勝者の強さをたたえることができるのだ。その闘いの構図に私たちは一種の美しさを感じることすらあるのだ。

私自身が格闘技好きで、しかもここ数年、フルコンタクト（直接打撃制）の空手に精を出していることもあってこんな例を出したが、ようするに、自分のプライドや名誉がかかっている、その意味で人格をかけた闘争であっても、ルールに対するお互いの承認にもとづき、争点が充分に分化して意識されてさえいれば、闘争は互いの関係をより高次化するような関係のダイナミズムを生み出すというわけである（これは空手の試合や昇級審査での「ガチンコ」の組み手で私自身がほんとうに身をもって体験していることでもある。お互いガンガンに殴り合い蹴り合った相手に対して何ともいえない親しみの感情が涌いてくるから不思議なものだ）。

競争が社会集団を活性化する

さて、次に社会集団の活性化という観点から競争の利点を見てみよう。

まずなにより競争においては、ある共通の目的的価値をめぐって各人が努力することにより、全体的なレベルが上がるということが可能になる。「すなわち競争は集団の観点よりすれば、主観的な動機を客観的で社会的な価値を創りだすための手段として提供し、当事者の観点からすれば、客観的に価値多きものの生産を、主観的な満足を得るための手段として利用するからである」（ジンメル『社会学』第四章）。

さらにジンメルによれば、社会の指導的立場にあるものどうしの競争においては、「大衆」が何を欲しているかについての「鋭敏な感覚を研ぎ澄ます」ことが彼らに要求されるという。これは、たしかに「大衆の本能あるいは気まぐれへの服従」といった問題点つまり社会の指導者層が大衆におもねるという事態が生じやすい。しかし大衆がいま何を欲しているかに対する鋭敏な感覚を要求されることは、政治や経済、文化・芸術などの総体が大衆の欲望から切り放されたかたちでは成り立たないということを意味する。だから、「現代の競争」は、「万人の万人に対する闘争」といったホッブス的状態を保ちながらも「万人のための万人の闘争」という性格を同時に合わせもつとジンメルは指摘する。

もっと一般的にいえば、競争に勝つためにはまず〈相手をよく知る〉ことが必要になり、さらに第三者の支持を目的とする競争の場合は（たとえば、資本家どうしの競争）、相手ばかりではなく、支持を期待する人たち（消費者としての大衆）の欲求や関心への細かい配慮が必要になる。その結果、人びととの生活がたんなる並存ではなく、一つのネットワークを形成するまとまりをもった「圏」として成立するための関係の形成力として、「競争」は大きな機能を発揮するというわけである。

分化した意識をもてない闘争

ジンメルが社会関係の形成力として積極的に評価する「闘争」とは、すなわち、近代の原理の一つとして考えられる「事実性（ザッハリッヒカイト）」にもとづく闘争ということになる。

やはりここでも、「人格性（ペルゼーンリッヒカイト）」の原理と対比される「事実性」の原理がポイントとなる。この章の文脈でとらえれば、「事実性」を帯びた闘争とは、(一) 当事者に同等に妥当するルールにしたがってなされること、(二) 当のルールの妥当性が当事者に深く了解されていること、(三) 何を競い合っているのかの焦点が明確に限定されていること、(四) したがって争点以外のほかの人格的な側面については「留保」がなされていること——以上のような特徴をもつと考えられる。

いい方をかえれば、「事実性」とは「分化した意識」を要求する。分化した意識をもつことによって、私たちは〈ルール感覚〉を共有することができる。しかし現実にはなかなかそううまくは運ばないことが多い。では逆に「分化した意識」をもてない状態とはどういうものか。ジンメル自身がいくつかの例を示すことによってそうした事態を説明している。

近親憎悪と宗教対立——相手の全人格否定

闘争（反発する力）は常に「共属性と統一性」（近接する力）と協働することによって社会関係の形成力として働く。このことはこれまでも指摘してきた。しかし、この近接する力の性質によっては、闘争が「事実性」をもつことができず、その結果社会関係の形成力としてはポジティヴに機能しない場合がある。つまり近接する力が強く働きすぎることによって、闘争や対立の矛先《ほこさき》が相手の全人格的否定にまでいたる場合がある。

まず第一に「近親憎悪」が挙げられる。親兄弟や夫婦などの近親者の場合、その関係が「分化」

しておらず緊密性を保っているために、いったん争いや対立が起こると「自制と配慮」が効かなくなる場合が多い。こうした傾向は似たような価値観・世界観をもった人間や集団どうしの差異の場合も当てはまる。それが「異端」をめぐる宗教的対立であり、「背教者に対する憎悪」である。いわば自分の〈身内〉であったと思われる相手が自分たちの考え方に異を唱えた場合に、私たちは敵意を非常にもちやすい。

「嫉妬」の感情——相手そのものに対する敵対性

また、ジンメルが示す例のなかで最も興味深いのは、「嫉妬《しっと》」の分析だ。ジンメルによれば、嫉妬は「外見上はまったく個人的なものであるが、実際には社会学的にみてきわめて重要な事実」である。嫉妬という心情は、「密接な共属性」と「激しい敵対的な興奮」が結び付いて起こる。私たちは身近な人に嫉妬するのであって、自分とはあまりにもかけ離れた環境に属する人がどんなに恵まれていようとその人に嫉妬することはない。もっとも〈あの人恵まれていていいなあ〉という場合はある。それはたんなる「羨望《せんぼう》」だとジンメルはいう。嫉妬とは、精神的なものであれ、物質的なものであれ、その人の所有しているものそのものに対して涌きあがる感情ではない。嫉妬とは、ひと言でいえば、「なんで自分ではなく、あいつが（それを）もっているんだ」という感情である。羨望の場合は、所有物が問題なのだが、嫉妬の感情では所有者が問題になる。たんに所有物をうらやんで対抗意識をもつ以上に、嫉妬の感情は相手そのものに対する敵対性を大きくし、際限のない敵意に発展する可能性があることがわかる。

しかも厄介なのは、そうした嫉妬の感情は、「あんなに愛していたから」とか「あんなに欲しかったから」といった自己正当化を容易にし、しかもそれが社会的にも受け入れられる（ジンメルの言葉では「権利要求」が認められる）可能性が高いということである。だから人は嫉妬の感情から簡単に自分を解放することができないのだ。「嫉妬は最も激情的な憎悪を、同時に存続している最も激情的な愛情と結び付ける」とジンメルは考える。

つまり「近親憎悪」や「嫉妬」といった例は、闘争が、「競争」といった「間接的」形態をとることができず、より「直接的」に相手を精神的、肉体的に追い込むような極端なタイプのものになる例だった。そこでは闘争の担い手の心性が、いわゆる「未分化」という語で総括されるような状態に陥っている。

このようにパーソナリティという条件を一つとっても、競争における「事実性（ザッハリッヒカイト）」の実現というものはかなり難しいことが見て取れる。

現実の競争の問題点——ルール設定の確立

そして最後に、競争（や闘争）が人間の生や社会関係を損なう方向に向かう危険性について私なりの立場から考察してみたい。基本的観点はジンメルのいう「未分化」というとらえ方にあるが、私なりに問題を敷延《ふえん》して述べてみたい。

まず最初に現実の競争においては、競争に負けることは自分の全存在、全人格を否定されることのように理解される場合が多いということである。学校での成績の競争において測られているのは、たんに学力（それもかなり限定的な観点から計られた学力）であり、決してその生徒の〈人となり〉そのものではないはずなのだが、いつのまにか当人も周りの人間も、成績の善し悪しがその人間の全人格の優劣とイコールのような錯覚に陥ることが多い。さらに充分に分化した多様な価値基準にしたがってなされる競争のルートが準備されず競争が単線化されてしまう場合、なおさら競争における勝敗と人格の優劣が直結されてしまう。五教科の勉強ができる子、体育ができる子、美術や音楽ができる子——学校という社会空間を考えただけでもいろいろな価値基準における競争が考えられるが、やはり現実には五教科ができる子が〈優秀〉であるとみなされてしまいがちだ。

競争が単線的であるとさらに問題なのは、敗者がそれ以外の価値基準で自己の能力を発揮することができず、いわば〈負け犬〉的状態に陥って生きる意欲を失ってしまう危険性が高いということだ。この競争でダメならこちらでといった選択肢の多元化が、「分化した」社会としての先進国であるならば準備されてしかるべきなのだ。

さらに基本的な問題点について指摘しておこう。それはルール設定に関することである。日本の現実においてはこのルール設定が実にあいまいになされていることが非常に多い。「事実的（ザッハリッヒ）」な競争の条件としては、第一にルールの設定は（さまざまな委任や委託といった媒介はあるにしても）基本的には、競争に参加するメンバーの合意に依っていることが挙げられる。さらにルールや評価基準の明確化、競争に参入する際の「機会の平等」性などが問題になる。こうした観点から見ると私たちの社会においてなされる競争は実に大きな問題を抱えていることがわかる。

たとえば、このところ声高に叫ばれている「グローバル・スタンダード」による「能力主義」の導入にしても、まず第一に雇われている人間を評価する方法や基準のルール設定について、労使が話し合いの下に合意して導入されている企業がどれくらいあるだろうか。いわば経営者側の一方的な押しつけになっている場合が多いのではないだろうか。

第二にもし能力がないと判断され、最悪の場合リストラの対象になったとすると、いまの日本では（とくに私のような中年になればなおさら）再就職の機会が非常に困難だ。ココでダメならアチラでがんばろうといった意欲を保つことが著しく困難なほど雇用の多様化・流動化（=敗者復活のチャンス）が準備されていない。さらに、そうした能力の判定にしてもその判断基準がキチンと開かれているかどうかはなはだあやしい。また、部下に対する上司の恣意《しい》的・主観的好悪の感情によって評価がなされる危険性についてのチェックも甘いようだ。

総じてこうした状況で「能力主義」による「競争原理」でもって社会を動かしていくことは、そこで賃金を得て生活する大部分の人びとの「生」にとって著しい不利益を帯びさせる危険性があると私は考える。

リアリズムの立場に立つ闘争論

しかし、だからといってこうした傾向に対する批判的観点として「絶対平等」主義にもとづく競争への全否定のスタンスをとることは間違っているというのが、私がジンメルから学んだ基礎的視角である。アメリカの「ローカルな」価値観を「グローバル・スタンダード」といういい方で絶対視するような安易な競争絶対主義はたしかに批判されるべきだが、しかしだからといって、「絶対平等」の観点に立って〈競争＝悪〉という考え方に偏るのもまたおおいに問題があるのだ。

どちらの立場も、私たちが生きていくなかで〈幸福の条件〉を模索する際の足がかりを準備するような考え方ではない。

ジンメルは、矛盾や対立や反対や競争といったものが全くなくなることが社会にとってめざすべき理想なのではなく、そうした要素をまさに社会の組織や集団が発展的に動いていくためのダイナミズムの核とできるかどうかが、その社会が成熟しているか否かの試金石になるという考え方を提示している。私はこうした考え方はとても大切だと思う。

「調和」や「統一」、あるいは「共同」や「一体」——こうした人間どうしのつながりに肯定的なイメージを与える言葉に依拠し、現実の社会を批判しようとする考え方は枚挙にいとまがない。現代社会は「調和」や「統一」を失ったバラバラの個人のたんなる集合体であり、人間どうしの「共同」性や「一体」性が解体した非人間的な組織体であるといった考え方がその代表的なものだ。しかし近代以降の社会をこのような観点から「全否定」するような発想では、ただ「こんな社会は間違っている」という社会に対する不全感の表出だけに終わり、何が歴史的に達成された成果で何が解決していくべき問題なのかとか、私たちの社会を内側からだんだんよくしていくにはどのような道筋を描いたらよいのか、といった考え方の方向性を見失わせることになると私は考える。

闘争（あるいは競争）を考えるにしても、それらを頭から否定してしまうのではなく、闘争が社会の関係の形式としてどのような特質をもっているのかキチンと明らかにして、その上で何が問題になるのかということを明らかにしなければならないはずである。

つまり、競争や闘争そのものを否定するのではなく、どのような種類の競争や闘争を私たちは批判し、なくしていかなければならないか？　というかたちで現実の問題は考え直されなければならない。そしてそのことが〈私〉の立場から社会の問題につなげて考えていく道筋を失わない社会認識の深まりを可能にする――そのようなある種の〈リアリズム〉の立場に立った競争や闘争への理解・分析がこれからますます必要になることは明らかだろう。ジンメルの「闘争」論はそうした作業を行なう際の基礎的視角を私たちに与えてくれているのだ。

第七章　貨幣の〈現象学〉——〈私から社会へ〉つながるメディアとして

あらためて貨幣とは何か考えてみる

これまでの章で私は、いろいろな側面から現代社会に生きる私たちの〈つながり〉のあり方を検討してきた。ここであらためて次のことを考え直してみよう。そもそも私たちが社会の一員として日常的な生活を営む際に、いったい何を基本的な手段として社会と関わっているだろうか？　一つはもちろん「言葉（＝言語）」である。人間は言葉を操り、言葉を頼りにしてコミュニケーションを重ねてきた。そしてさまざまな制度や権力の構造を作り上げてきた。そしてもう一つ、とりわけ近代以降の人間関係において重要な基本的媒体《メディア》となっているものがある。それが「お金（＝貨幣）」である。「お金」はいまや現代を生きる私たちにとって生活の基盤を形作りながら、同時に社会的関係の基本にも位置づけられる。さらに、「お金」に対してどのような価値的態度をもっているかによって、その人がどのような他者とどのような種類の関係を作っているかという他者関係の基本が決まってしまうような側面がある（ごく単純な例をあげれば、「お金がすべて」と考えれば、やはりそういう価値観の人間どうしがつながるだろうし、「お金もそれなりに大切だが、お金以外の何かをも求めたい」と考えていれば、そういうかたちで他者とのつながりができていくということがある。そしてそのことが彼（女）の生活全般の成り立ちにも大きく影響を与える場合が多いのだ）。だから私たちが社会とのつながりをとらえ直そうと考える場合、私たちにとって、お金（＝貨幣）とは何かということをきちんと考えることは必要不可欠のことだといえるだろう。

私たちは貨幣をとおして社会とつながっている

さて、貨幣とは考えてみれば不思議なものだ。それ自身はせいぜい銅やアルミの切片やただの紙切れだったりする。それが私たちにとっては何よりも大事なものになったり、それさえあれば自分の欲望はすべてかなえられるような錯覚だって引き起こしかねない〈魔性の力〉をもったりする。

それはなぜだろうか？

一見するとその答えは比較的単純だ。お金があれば、あらゆる物が買え、ほとんどあらゆるサービスが受けられるからだ。しかしそうした経済的事実以上の意味を、お金は私たちに与えている。たとえば車が買いたいからお金が欲しいとする（たしかにしかるべき金額のお金さえあれば車は買える）。しかし現代の私たちは、車本来の性能（つまり故障することなく遠くの目的地まで短時間で人を運んでくれる）だけで満足を得ることはもはやできない。乗り心地はもちろん、ボディの色、デザイン、どこの車種かというブランドへのこだわりなど、そこには自分にふさわしい車をどう考えているかといったセルフ・アイデンティティの問題やその車に乗ったとき、ほかの人間からどうみられるか（みられたいか）といった〈他者のまなざし〉への対抗意識などの関連によって、満足の度合いが決まってくる。

貨幣とは、それを用いればたんに物が購入でき希望するサービスが得られる手段以上のものなのだ。現代の私たちにとって、物やサービスへの満足は、もはや「必要」（＝それがあればひもじい思いや生命の危険を回避できる）の領域を越えたところで問題となっているのだ。自分の心理的な満足やアイデンティティ、〈他者のまなざし〉との対抗意識の問題などが大きく影響することによって、私たちがお金（＝貨幣）を媒介にして享受しようとする「社会的富」（そしてなにより貨幣そのもの）は、経済学的対象であると同時に、きわめて「社会学的な対象」でもあるのだ。つまり貨幣は、私と社会とをつなぐ基本的な媒体《メディア》であると同時に、〈私〉がもつ価値的なアイデンティティや〈私〉が他者にどのようなかたちで結び付いていくのかに関して決定的な影響力をもつような媒体《メディア》なのだ。

「経済学」的な貨幣の考え方

「経済学」といえば、思い出すことがある。それは大学に入りたてのころに習った「経済学」の授業やそのテキストだ。そこには、近代資本主義の定式としての拡大再生産の理論や交換価値や使用価値といった経済学的概念、そしてもちろん貨幣の概念的規定なども扱われており、私はそれを授業をとおして習い、テキストをもとに自学したりした。貨幣の機能としての交換手段、流通手段、価値尺度、蓄蔵手段といったことを勉強して「なるほどな〜」と納得したものだった。そしてそのときの経済学に対する私の印象は、この学問は明確に体系づけられた学問であり概念や論理を追うにはちょっと骨が折れるが、一つひとつ辛抱して論理をたどっていけば、近代社会の構造的性格について、大学に入ったばかりの私にもかなりの程度わかった気にさせてくれる、そういう意味でずいぶん〈骨太な〉学問だなという、そんな感じだった。しかし、やはり「文学部」の学生だった私としては、「やはり経済学ではいわゆる『人間』(の内面や価値)の問題は扱えないのだな」といった思いを強くもった。*

*この理解が初学者にありがちな「底の浅い」ものだったことを後に私は内田義彦のいくつかの著作を読むことによって知ることになるのだが、しかし経済学の本流はあくまで経済現象を起点にした社会の構造分析であるという理解はいまでも変わっていない。

経済学の対象と方法からはなかなか見えてこないが、しかし経済現象や経済活動と密接に関わったかたちでの人間の生活感覚や心性の問題——そういうものに対して私は、当時からかなり関心があった方だと思う。もっと具体的にいうと、私が知りたかったのは、たとえば、全部自分のものになると約束された一億円の札束を前にした人間の内面に何が起こっているのかといった問題であり、ときとして人はお金のためなら社会的信頼や愛や友情なども犠牲にすることがあるが、そうした貨幣の〈魔力〉とは、いったい何かといった問題だった。

つまり貨幣が社会に対してもつ客観的メカニズムの分析ではなく、貨幣が生活する一人ひとりの人間にとってもつ意味と価値の問題について、つまり貨幣の〈現象学〉について考えてみたかったのだ。

ジンメルの貨幣論

そうした問題に漠然とずっと引っ掛かっていたときに出会ったのがジンメルの『貨幣の哲学』という著書だった。一九〇〇年、ジンメルが四二歳のときに出版されている。『貨幣の哲学』は、貨幣とは私たちの「生」にとってどういう意味や価値を帯びた存在なのかについて考察されている彼の代表作だ。「近代的なるもの（モダニティ）」の特質とそこに生きる私たちの「生」の有り様との関係を考えるには最もふさわしい本だと私は思う。だからこの章ではこの『貨幣の哲学』に依拠しながら私たちの「生」にとっての貨幣の意味を考えてみたい。

さて、はじめに、私たちがなぜそんなにもお金（貨幣）に魅きつけられるのか？　という問いについて、ジンメルだったらどう答えるかについて考えてみよう。

そのためには貨幣の特質についての彼のコメントからみていかなければならない。ジンメルは貨幣の性質についていろいろないい方をしているが、貨幣の特徴を最も表わしていると私が思う文章を抜き出そう（この三つは、貨幣の「本質」をそれぞれ違ったかたちで表現しているともいえる）。

（1）「貨幣はたんなる手段であるかぎりにおいて純粋な潜勢力（ポテンシャリティ）を示している」

（2）「貨幣は、無性格という消極的な（ネガティヴ）概念で示される、きわめて積極的（ポジティヴ）な性質をもつ」

（3）「貨幣はその完全な形式においては絶対的な手段である」

（共にジンメル『貨幣の哲学』第三章）

ポケットのなかの潜勢力

まず、（1）について。

貨幣の特徴としてまず興味深いのが、この「潜勢力」あるいは「可能状態」「資力」というジンメルの理解だ。

私たちにとって貨幣は、未だかたちを与えられていない「可能性そのもの」として直観的に理解されており、このことが貨幣という存在の要だとジンメルは考える。ほかの富、土地についても自動車にしても貴金属にしても、ある形態をもち（ジンメル的表現によればある「性格づけ」がなされている）、したがってそれに伴なったある「制限」が課せられる。しかしほかのあらゆる富と違って、貨幣だけはこうした制限をまぬがれている。だからお金をもつということは、「可能性そのもの」をもつということなのだ。もちろんその量が大きくなればなるほど（金額が多ければ多いほど）「可能性」は広がる。だから宝くじなどで一億円を手にすることが約束された人間にとっては、「これで○○が買える」という具体的な使いみちがまず頭に浮かんでそのことが嬉しいというよりも、まず、一億円という「可能性そのもの」が自分のものになることが嬉しいという場合が圧倒的に多いのではないだろうか？　つまり貨幣は、自分たちのいろいろな欲望の実現を約束してくれる「潜勢力」として大きな魅力をもつ。

「これらの可能性のすべては、もちろんそのごくわずかな部分しか現実にはなりえないが、にもかかわらず……その達成可能な結果の一切の確定を拒否する力、したがって正確には規定できない力という印象へと凝固する。」（ジンメル『貨幣の哲学』第三章）

私たちにとって貨幣は、可能性そのものとして直観されるため、実際その貨幣によって達成される享受（＝物が買えたり、サービスを受けられたりすること）以上のものを予感させてしまう。どのくらいのお金があれば自分はこのくらいのことができる（あるいは手に入る）ということについての合理的な計算を越えて、まさに「正確に規定できない力」を備えた悪魔的な魅力をもつのだ。ある貨幣の額に対する人間が抱く喜びの量は、それで何かを実際現実化した場合より大きいという〈公式〉が成り立ってしまうというわけだ。

こうした貨幣がもつ「力」はつまるところ、（2）の文で示されるように、その「無性格性」という性格によって実現される。貨幣はほかのあらゆる財と異なってそれ自身の価値をもたない。つまりそれ自身（紙片）としては有用ではないのだ（私たちは一万円札そのものを直接使っていったい何ができるだろうか？　せいぜい鼻をかむか紙飛行機でも作るくらいだろうか）。地上げの対象となっている土地、バブル時代にさかんに行なわれたマンションころがし、先物取り引きの対象となる大豆——ときとして私たちの周りでは、貨幣以外のものが貨幣のように、それ自身の使用価値ではなく、交換することによって利潤を生み出す対象として扱われることを目にする。しかしそのいずれの場合も結局、それらは貨幣に交換されることによってのみ完全な目的を果たすのであり、しかも運搬可能性や分割可能性、保持の容易さ、いずれをとっても貨幣に勝るものはない。『経済学批判要綱』

でのマルクスの表現を借りれば、私たちは、貨幣をもつことによって「かなりの価値の分量をポケットに入れて携帯できる」(「貨幣にかんする章」)のである。貨幣それ自体はなんの価値物ではないが、私たちはまさに貨幣をもつことによって、もし使ったら得られるであろう物やサービスを、「潜勢力」というかたちで携帯できるのだ。

メディアとしての貨幣

つまり貨幣は(3)の文でいうところの「絶対的手段」なのである。もちろんその「目的」は私たち一人ひとりの欲望の実現である。しかもその貨幣は無性格性という性格のために「私」とだれかが所有する〈モノ〉やだれかが提供してくれる〈サービス〉とを媒介する手段なのだ。社会学者のパーソンズやルーマンの表現を借りれば、貨幣はまさに「コミュニケーション・メディア」であるということができる。このことをジンメルは次のように表現する。

「貨幣は人間と人間とのあいだの関係、相互依存関係の表現であり、その手段である。すなわち、ある人間の欲望の満足をつねに相互にほかの人間に依存させる相対性の表現であり、その手段なのである。」

(ジンメル『貨幣の哲学』第二章)

貨幣によって媒介されることで、人びとは互いにますます依存するようになる。依存する相手の顔はふつう見えない。しかしその範囲は地球規模に広がっている。現にいま私は、だれが縫ったかわからない服を着て、だれが栽培したかわからないコーヒー豆からコーヒーを煎《い》って飲み、だれが作ったかわからない液晶画面をのぞき込みながらキーボードを叩いている。自分の部屋に一人でいることを可能にするさまざまなモノが、実は多くの人びとの手によって媒介され作り上げられている。ただ私はそのプロセスやしくみを知らないだけだ。そしてそうしたモノの成り立ちや由来に無頓着《むとんじゃく》でいられるという「エネルギーの節約」（ジンメルの表現）は、私がただ貨幣を支払いさえすれば、それらを手に入れ享受できるということによって可能になっているのだ。名も知らぬ多くの人びとの行為に依存しながら私は貨幣による支払いによってそれらの具体的関係から切り離されて、「自由」な活動の可能性を手に入れている。「コミュニケーション・メディア」としての貨幣の意味の重要性は、依存関係を増大させると同時に、そうした依存関係を顔が見える「人格的な」つながりから、「事実的—物象的」つながりへと転移させていく。このことをジンメルは正確に見抜いていた。

貨幣がもたらした自由

さて、こうした事態はいったいどのような影響を私たちに与えているか？

いま指摘したようにメディアとしての貨幣の発展によって、私たちは「人格の自由」を獲得したとジンメルはいう。しかし、一方彼はそのことが主に人間の「心性」にかなり深刻な影を落としていることも指摘している。貨幣が私たちの生活と心性に与えたいわば「光」と「闇」——次はこの点についてみてみよう。

まず「光」の部分。それは何といっても貨幣の進展がもたらした「人格的自由」の実現だ。

ジンメルにとって自由とはまず行為の自由、つまり他者からの束縛としての「義務」の要求

（〜すべし）に対抗して、自分自身が為したい振る舞いを行なうことができることを意味する。しかし現実の歴史のなかで人間は、何の制限もない完全な自由という状態を実現したわけではなく（他者と共存している限り、そうした完全な自由は原理的に不可能である）、人間にとって自由とはそれまであった義務からの新しい義務の形態への変更というかたちで実現してきた。その変化とは義務が及ぶ範囲が「人格的（ペルゼーンリッヒ）」なものから「事実的（ザッハリッヒ）」な側面に限定されている過程なのだ。

貨幣がほとんど流通していない古代から、貨幣が浸透する近代への過程において、人びとがどのように自由を獲得してきたか——このことについて、ジンメルは租税の収め方を例に次のように指摘する。

歴史の分野でもよく指摘されるように、人間の存在形態として一番自由を奪われた存在なのが、「奴隷」だ。彼らは自分の全活動能力と時間的な無制限の奉仕によって心身ともその主人に拘束《こうそく》されている。具体的な活動能力を丸ごと支配されていることによって彼はまさに「人格的」支配を受けているといえる。そこに自由は全くない。

これが第一段階だとすると次の第二段階として「奉仕が時間的に制限される」という段階が考えられる。何を生産するのかを領主によって命令されており、労働における自由がない農奴がこれにあたる。そして第三段階は、租税や公課を貨幣でさえ収めれば、どのような労働によってそれを得たのかは問われない、という段階だ。近代以降の大衆は、このようなかたちで行為の自由を獲得している。つまり、公課や租税を貨幣によって支払うということは、その支払うものをどのようにして獲得したかということが、〈お上〉の側から問われなくなり、その結果庶民の活動の自由度が増す、ということを意味する。

人格性の原理に対して事実性の原理がいかに自由への転換を意味するか——「支配」という契機が関係を大きく規定している人間関係においては、この原理の転換（それがまさに「貨幣」によって可能になる）が「自由」の実現を約束したのである。私たちが歴史の教科書で習う「身分関係とその解体」をジンメルは貨幣論の観点から以上のように描写する。だから人間関係が「非人格化」することは、よそよそしい関係ができる疎外された状況だといった、近代批判の一面的文脈だけでは語れない意味があるのだ。まさにこうした「非人格化」された関係においてこそ、「支配」（というよりはジンメルがいう「上位―下位」関係）が自由と両立する可能性が生まれたのだ。上位―下位関係における自由の実現にはこの「事実性」が決定的に大切なのだ。

現代の大都市人の大きな自由

貨幣によってもたらされる自由はこの場合、お金で租税を支払いさえすれば、あとは〈お上〉にとやかくいわれることなく自分の私生活の楽しみを追求できるというかたちで実現する。王や領主といった「特定の他者の意志」からの自由が、まず庶民の自由獲得の第一歩であった。この文脈でいえば、ジンメルによれば、「現代の大都市人」が大きな自由を獲得しているわけだ。彼らは「言葉の積極的な意味で独立」した存在だ。もちろん彼らの生活には社会的分業がもたらす独特の「依存関係」が成り立っている。

「なるほど彼は［＝大都市人］無数の供給者と労働者と協力者とを必要とし、したがって彼らなくしてはどうすることもできない。しかし、彼は、彼らとはただ貨幣に媒介されて全く事実的に結合しているのみであり、したがって彼はこの特定の個人としての誰かある個人ではなく、ただ貨幣に値する［他者の］客観的な行為遂行のみに依存しているのであって、この行為遂行はまさに任意の交替する人格によって担われることができるのである。」

（ジンメル『貨幣の哲学』第四章、［　］は引用者の強調）

おなかを空かせた「都会人」がお金をもって「マクドナルド」に入ったとする。するとそこでは店員の女の子がとびきりの笑顔とあいさつで迎えてくれる。彼女の笑顔はたしかに自分に向けられたものだが、彼個人だけに向けられるものではないことを彼は知っている。「私でなくても店に入ってお客であればだれにでも彼女は同じような笑顔をふりむけるだろう」と彼は思うのだ。一方彼にしてみても、その店だけが唯一の空腹を満たす場所ではない。なにも「マクドナルド」でなくても、ハンバーガーがもし食べたいのであれば、「ロッテリア」「ドムドム」あるいは「モスバーガー」といろいろと選択肢があるのだ（もちろん多少の味の違いに拘泥《こうでい》しないという条件つきではあるが）。

社会的分業の進展は、非人格的、事実的な相互依存の連関を複雑に形成する。そのような種類の〈ネットワーク〉の網の目に私たちは生きているのだ。

「一本のピンは無価値にもひとしいが、まったくピンがなければ現代の文化的人間はもはややっていけないのである。」

（同右）

「すべての現象において、貨幣経済の内部で諸客体は、それら個体と個性にかんしては、われわれにとってますますどうでもよいもの、本質なきもの、代替可能なものとなるが、しかしその全種類が果たす事実的な機能はわれわれにとってますます重要となり、われわれをますます依存させるようになる。」

(同右)

このような〈ネットワーク〉を媒介する〈メディア〉として貨幣は大きな力を発揮しているのだ。

他者への「依存」「自由」との関連

さて、このような「依存」と「独立」(「自由」)の連関について角度を変えてもう少し掘り下げてみよう。私たちが貨幣を所持することによってどのようなことが生じているのか？

貨幣がもつ機能は、「分離」と「(再)結合」という表現で表わされる。まず、具体的な知り合い(地縁や血縁といった)関係から人間を分離し自由を獲得させる。また、モノの所有ということに関しても、モノにぴったりと張り付いたかたちの所有形態(たとえばかつての大土地所有者や家畜の保有者など)とは全く違い、貨幣所有は銀行への預入などに表われるように、所有からの自由も獲得できる。つまりひと言でいえば「局所的(ローカル)」なものから分離され、行為の自由を獲得できるのである。

そして貨幣は、こうして「局所的」な時間と空間に張り付けられていた人間をそこから「分離」することによって彼らに自由を与え、これまでみてきたような〈顔の見えない〉あるいは「代替可能」で「人格」への関心をもたない「依存関係」のネットワークをますます拡大していく。そうい

◆牛などの現物としての富をもつことは、手間や維持するコストも必要であり、人間の活動の自由を制限した。携帯可能な富としての「貨幣」の出現により、自由な活動の可能性が広がった

うかたちで分離された人間は再び「結合」しているのだ。

以上が、近代における「自由」の成立と貨幣の関係である。ジンメルは貨幣によって媒介される人間関係を「自由」との関わりで、右でみたように積極的に評価する。

貨幣の「闇」の部分

しかし、貨幣によって媒介される人間関係は私たち人間に積極的なものばかりを提供するわけではない。

それはさきにみたような貨幣が帯びる「絶対的手段」という性格に大きく関わっている。現代人のあらゆる欲望を実現するための「絶対的な手段」である貨幣はその性格のため「すべてのものが一般に必要とするもの」となり「その無制限な利用可能性と被願望性」をもつようになる。その結果現代に生きる私たちは貨幣さえ手に入れば、といった思いを強くし、貨幣をあたかも「究極目的」であるかのようにイメージしがちになる。マルクスは、また貨幣が帯びるこうした特徴を、貨幣の「物神的性格」として描いたが（『資本論』第一篇第一章）、ジンメルもまた貨幣を「心理学的には形式においては神の表象」に近いものがあると述べる（『貨幣の哲学』第六章）。「貨幣の全能に対するあの信頼」というものが人びとの内面に形成されている。その結果どのようなことが生じているのだろうか。

ひと言でいってそれは〈手段の目的への転化〉と呼ばれる現象を生じさせているのだ。つまり本来生活上の何かの目的を実現するための手段であったはずの貨幣がそれ自身「目的」として理解される。その結果いろいろな〈病い〉が生じていることをジンメルは指摘する。

「吝嗇」と「守銭欲」

「貨幣の究極目的としての性格」が極端なかたちまで成長したものが「吝嗇《りんしょく》」と「守銭欲」である。ジンメルが指摘しているのは、吝嗇は吝嗇でも、何か明確な目的があって物を節約したりお金を倹約したりする（たとえば、マイホームをもつ夢のため水道代や電気代をけちるなど）態度ではない。できるだけお金を自分のもとにおいておきたいということそのものを自己目的とする心的態度を指摘している。

では、どうして人間は貨幣をできるだけ自分のもとにおいておくことを自己目的とするような態度に陥るのだろうか？　それはたんに「お金があれば何かと便利」とか「いざというとき安心」ということ以上の意味があるようだ（そのことをジンメルは、「究極目的」としての貨幣の「絶対的価値」は、「たんなる効用享受を越えるもの」だと表現する）。

まずこれまでもみてきた貨幣の「抽象的性格」が帯びる意味をもう一度確認しよう。貨幣はそれ自身では何の質的な利用価値をもたない。それが何かと交換されることによってはじめて貨幣は、それ自身の量的価値を現実化する。

「貨幣の抽象的な性格、貨幣がそれ自体いっさいの個々の享楽から隔たっている距離は、貨幣についての客観的な歓び、すべての個々の人格的な用益をはるかに超越する価値の意義を助長する。」

（ジンメル『貨幣の哲学』第三章）

たとえば一億円という貨幣の価値は、客観的にそれによって手に入るもの以上の価値の感覚を私たちに与える。そこで貨幣は、「権力の意義と一致する」。ここでいう権力とは、実際行使される力以上のものを指している。ジンメルは権力を「能力そのもの」と定義する。その意味は「能力は、主観的にのみ予期できる将来の魅力を、客観的に現存する現在の形式に集積する」のであり、そのことが権力の本質だということである。真に権力をもつ者とは、何か具体的な権力行使を行なった事実そのものではなく、（彼がその気になれば）いつでもそして確実にそのことを行なうことができるのだ、ということを本人もそしてまわりの人間も了解している人物をいう。

ジンメルは、「可能性」あるいは「できる」という語が、ある〈幅〉をもつことを指摘する。つまり私たちは、「私はピアノを弾くことができる」という意味から「三回続けてサイコロの三の目を出すことができる」までの幅があるわけだ。

つまり、ピアノを弾くことができる、という場合の「できる」は、その人が内在的能力として潜在的に保持している能力が現実化される「可能性」が非常に高いのに対して、「サイコロ」の場合は、内在的能力の潜在性はほとんどあてにできず、不確実性の度合いがきわめて高い（しかし「可能性」はゼロではない）のだ。

さて、この文脈において貨幣はどのように位置づけることができるだろうか。

ジンメルはこう述べる。

> 「貨幣のなかにいわば凝固し実体となっている能力は、この場合まったく独特な組み合わせを示している。人が貨幣において現実に所有しているものは、むしろ貨幣のまったく外部にあ

る。しかし、この外部にあるほかのものが適当な瞬間に現実にもまさにそこに現れる確実性は、途方もなく大である。」

（ジンメル『貨幣の哲学』第三章）

ピアノを弾ける潜在的能力と実際ピアノを弾けるという事実性はいわば緊密な連関があり、そのことが現実における確実性を支えている。しかし、貨幣はそうした緊密な連関をほかの事象と全くもたないにもかかわらず、そうした事象をほとんど確実に実現してしまうのである。

ここにまさに貨幣の〈魔力〉がある。吝嗇漢あるいは守銭奴はこうした魔力にとりつかれたものなのである。彼らは合理的な計算や判断を越えて貨幣を「愛する」。そしてそれは何も全く的外れな愛情なのではない。貨幣にはいま見たような「魅力」がある。

「権力と可能性の魅力」としての貨幣が彼らに貨幣所有を自己目的とさせる理由がある。

浪費という〈過剰〉

さて、このような貨幣の悪魔的な魅力は、吝嗇や守銭欲とは一見すると正反対の行為と思われる「浪費」という傾向にも同じ作用をもたらすとジンメルは考える。

つまり、吝嗇や守銭欲の場合は、〈貨幣の力〉に魅了された人間がまさにそうした力を自分の手元に置きたいがためにお金をため込むわけだが、浪費の場合はそうした〈力〉をもつ貨幣を惜《お》しげもなく使い果たせることに悦びを見い出す。現象としては正反対でも、貨幣に対する関心の置き方は同じなのだ。浪費は吝嗇に対していわば「逆の符号によって」「貨幣観点（＝ものを見るときの中心に貨幣を据えること）」を「関心の前景に押し出す」のだ。

吝嗇や守銭欲そして浪費は、ある意味で現代を生きる私たちにとって貨幣が帯びる〈過剰〉ともいえる意味の重要性を映す〈鏡〉のようなものだ。もちろんこうした「貨幣関心そのものに横たわっている無際限性」は、多くの場合現実の生活への脅かしを生じさせる。平たくいえば私たちは、貨幣への関心だけでは決して〈幸せ〉にはなれないのだ。そして過度の貨幣への関心は、そのほかの関心の領域への〈気遣い〉を磨耗《まもう》させる。そのことを次にみてみよう。

「近代的キニク主義」と「倦怠」

近代以降のこの精神的磨耗の独特のあり方をジンメルに即して次に見てみよう。彼によればそれは「近代的キニク主義」と「倦怠《けんたい》」と表現できる心性なのだ。まず「近代的キニク主義」から見ていこう。「キニク主義」とはもともと、古代ギリシャの哲学の一派であり、世間一般に流布している価値観から徹底的に距離をとることによって、「個人の無条件的な魂の強さと道徳的な自由」を追求しようとする態度を特徴としていた。世俗的な富や名声を徹底的にあざけることから、別名「シニシズム（冷笑主義）」ともいわれた。

さて、ジンメルがこの「キニク主義」という言葉を貨幣関心が極端に強まった現代的傾向を生きる人間たちの心性に適用しようとしたのは次のような理由からだ。つまりキニク主義の本質として、あらゆる価値が帯びる差異に対して等しく「無関心」を装うという特質があり無関心という態度こそが唯一の価値的態度であるとされるわけだが、こうした態度はまさに「貨幣的」な態度なのだ。

「キニク主義者の生活感情は、最高の価値でさえ低いこと、価値の差異が幻想であることを理論的にも実践的にも証明したとき、はじめて適切に表現される。この志向にもっとも有効にかなうのは貨幣の能力であり、これは最高の価値をも最低の価値をも一様にひとつの価値形式へ還元し、そうすることによってそれらの価値を、いかに異なった種類と程度の価値が問題になろうとも、同じ原理的な水準にもたらすのである。」（ジンメル『貨幣の哲学』第三章）

あらゆる「事物の価値」そして「人格的価値」も貨幣に還元されて表象され、せいぜい貨幣「量」の違いとしてしか認識されない。人びとの生活感情が世界をこのように分節化する方向で時代が進行していることをジンメルは「近代的キニク主義」といういい方で表現しようとしたのである。

こうした傾向がもっと極端に進行したときに「倦怠」という心的感覚が蔓延《まんえん》する。これはいわゆる〈ニヒリズム（虚無主義）〉とほとんど同義であると考えられる。ジンメルがいう「倦怠」という〈ニヒリズム〉とはどのような状態であろうか？

近代的キニク主義の段階では、貨幣という「平準化」装置によって一元化されてはいるが、まだ「価値」というものに対する一定の反応が見込まれている。しかし「倦怠者はその——たしかに完全には実現されない——概念からして価値感覚一般の差異に対して無感覚となり、彼はすべての事物を一様に気の抜けた灰色の音調において感じ、そのことによって、ある反応へ、とりわけ意志による外界への反応へと刺激されることを価値なきものと感じる」（『貨幣の哲学』第三章）までに至る。

人間が生きる意欲（＝生に対する欲望）をもてるのは、価値の多様性を感覚でき、その多様な価値の世界のなかから自分の獲得すべきアイテムを特定化できる場合であることが多い。価値の多様な相違を、そのなかから自分にとってとりわけ意味のある価値を浮き彫りにできることは、それだけで「まったく生き生きとした感情と意欲」を涌き起こす原動力になる。

しかし、「生活のありとあらゆる多種多様な可能性をまさに同じ貨幣額で所有することができるという事実がひとたび人を内的に支配すれば、人はまさしく倦怠を感じるに違いない」。つまりあらゆる物やサービスがお金さえ払えば味わうことができるという状態は、自分が味わおうとする喜びのすべてが〈予測可能〉であるということを意味する。つまり未知なものを味わうという人間本来の生の享受のあり方がそこでは失われてしまっているのだ。

〈欲望の深度〉を浅くする

しかも事態はそれだけでは終わらない。一般に事象の「価値」は、その獲得のために複雑な道程と「努力の個性化」（獲得のための彼独自の方法の模索）の高まりによって促進される。しかし「これとは逆に対象の獲得がより機械的な、それ自体いっそうどうでもよい方法で首尾よく行けば行くほど、対象そのものもますます色彩と興味のないものに思われる」。つまり貨幣を支払いさえすればほとんど何でも苦もなく手に入るという状態は、あらゆる対象への〈欲望の深度〉というものをとても底の浅いものにしてしまう。

その結果、「倦怠に傾く者」は、「魅力となる最後の可能性」までもが奪われた状態に陥るのである。いわば何を見ても何を味わってても、〈彩り〉を奪われた「気の抜けた灰色の色調」でしか感覚できない〈虚無〉――貨幣がすべてを覆いつくす世界に住む現代の住人はこのような〈病い〉を背負い込む危険に絶えずさらされているのである。

ここまで見てきた「貨幣」的世界の〈闇〉の部分で私たちに伝えていることをもう一度確認しよう。貨幣という「絶対的な手段」を、もし「絶対的な目的」＝「究極目的」として感覚してしまったときに、どんな悲劇が待ち受けているか、あるいはそうした危険を近代以降の人間が多かれ少なかれもたざるをえない状況が進行していること――こうしたことへの警鐘をジンメルは鳴らしているのである。

しかし、こうした傾向あるいは心性は、近代以降に生きるすべての人間にとって必然の状態として描かれているわけではない。ジンメルはこれらを一種の「病理学的な退化」という表現で理解しており、近代以降の人間が陥りやすい恐ろしい病いであるという危機の認識をもってはいるが、しかしそれが近代以降の人間のすべてに直接あてはまるものと考えているわけでない。それはやはり一種の極端なかたちの病理的モデルとして描かれているのだ。

貨幣による距離感覚

さて、ジンメル自身が指摘しているこうした貨幣が帯びる危険性を充分認識した上で、なお貨幣的関係が私たちの生にもっている積極的意味、〈私〉が社会につながろうとする際にもつ可能性について検討してみよう。

これまでみてきたように、貨幣とは「行為の自由」を保証するメディアである、というのがまず第一のジンメルのとらえ方だ。しかしたんに身分やしがらみにとらわれず、自由に振る舞えるということだけが貨幣の積極的な意味ではない。貨幣のもう一つの意味を最後に指摘しておこう。それはジンメルの言葉でいうと「主体の留保」ということだ。

本書の第五章を思い出して欲しい。そこで私は、距離がゼロの「融解的」関係が人と人との関係の理想なのではなく、ある程度の秘密をもち合った、適度な距離感覚をもった関係が、より心地よい人間関係を作り出す可能性をもっているのではないか、ということを指摘した。

そして、そうした関係を求めるメンタリティを支えるメディアが貨幣なのだ。貨幣は、人格的な支配関係に代表されるより直接的な人間関係を解体しながら、人間と人間との間に「距離」を作る。そして「人格的存在の内密性と封鎖性」を作り出す。そのことが「われわれの内面の確実な発展の機会」を生み出すきっかけになる――このようにジンメルは考えているのだ。

また私は、この本の「はじめに」において「橋と扉」というエッセイを紹介しながら、ほかの人と「つながり」たいという人間の思いをジンメルに即して語った。その際、人びとは「小屋」を作りいったん内と外を区別し、そこからあらためて他者とのつながりを求めておそるおそる外的世界に歩みだす、というイメージを述べた。しかしその際こうしたメンタリティを支える現実的条件となるものについては指摘していなかった。いまみたとおり、実はそれがコミュニケーション・メディアとしての「貨幣」が帯びる特質なのである。

つまり、貨幣は「最も内面的なものの門衛」（『貨幣の哲学』第六章）となるのだ。つまり貨幣的関係に広まることによって、内面的なもの、プライベートな感覚の確保が可能になったと、ジンメ

◆貨幣を媒介することで客観的かつ冷静に自分の欲望を実現できる

◆貨幣自体を目の前にすると、私たちは冷静な距離感覚を失いがちである

ルは考えている。近代以降、貨幣的関係を経験したことにより、人間はほかの人との間の距離の感覚をもてるようになった。それまでのように身分や共同体的規範というマニュアルにしたがった人間関係の作り方ではなく、自分とセンスと判断力により他者との距離をもてるようになり、またそうしたことを社会的にも要求されるようになった。だが同時に、貨幣が帯びる圧倒的な力は、人びとが貨幣に対してきちんと冷静な距離をとることを非常に困難にするという危険がある（＝「貨幣物神」化という危険）ことは、この章でみたとおりである（しかし、いわゆる貨幣的富だけを自分にとっての「豊かさ」であるとする価値観を相対化するような現実的条件が、ポスト・バブル期の現在の日本で生じているのもまた事実である。このことについては「終章」においてふたたび触れる）。

「人間は貨幣に対してだけは貨幣的態度（＝対象を客観化し距離化する態度）をとることが困難である」――ジンメルはこのように警鐘を鳴らす。とはいえ、貨幣に対する距離の取り方や貨幣が現実の生活のすみずみにまで浸透した現代における他者との距離の取り方に対して、ジンメル自身が大きなヒントを残してくれていることはたしかである。

第八章　ハイ・モダニティとしての現代
——人間関係の相互性を時代とともに考える

私たちはどんな時代を生きているのか

これまで各章にわたって私たちは、次のようなことを考えてきた。私が他者や社会とつながっていくためには、いったいどのように考えればよいのか？　私にとってもまた他者にとっても「よりよいつながり」というものを形成するためには、どのような考え方をとればいいのか？　それは、私たちがいわゆる「常識」としてもっている考え方とどのように違うのか？

しかし、この本でのこれまでの検討は、「時代」や「歴史」というファクターと関連づけて理解されることがなければ、たんなる机上の空論に終わりかねない。つまり主体としての人間のあり方や他者との関係性が、時代や歴史の変容とどのように結び付いて現実化しているのかを理解してはじめて、今後の私たちの〈つながり〉の可能性の模索が、具体的な根拠をもった営みとなるのだ。

私たちは日ごろ、自分たちがどんな時代を生きているのかなどということには無頓着に、日々の生活に追われているのが常である。いわば歴史的感覚を日常生活に絶えず染み込ませるかたちで生活している人なんてめったにいないはずだ。しかし、もし自分自身の〈いま・ここ〉の生活や他者とのつながりに何かしら問題を感じ、それを立て直すためにいろいろ考えをめぐらそうとする場合、私たちがどんな時代を生きているのか、それは以前の時代とどう違って、どういう問題点とどういうよさがあるのかについて考えることはとても大切になる。

自分自身のあり方や自分を取り巻く他者とのつながりをじっくり見つめ直すためには、〈「歴史性」のとらえ直し〉は必要不可欠な作業なのだ。だから他者とのつながりのなかで自分自身の「生」のあり方をとらえ直すというテーマにとっては、歴史や時代の変化に対する鋭敏な感覚は、とても重要になる。

私たちが自分自身の一個体の「生」に焦点をあてて、そうした〈「歴史性」のとらえ直し〉を試みる場合、だいたい次の二つの時間感覚にもとづく見方が有効だと私は思う。

一つは一〇年くらいを一区切りとしたかたちで時代の変化と自分の「生」を重ねてとらえ直す見方だ。たとえば、一九六〇年生まれの私の場合だったら、〈「高度経済成長」のはじまりとともに生を受け、「オイル・ショック」(一九七三年)以降の七〇年代中期の低成長期に思春期を迎え、「バブル」に向かう八〇年代に学生生活を送り、バブルが崩壊した九〇年代に就職、結婚をし、現在にいたっている〉、というように時代と自分の人生を重ね合わせることができる。そうした〈時代の変遷〉というファクターを入れて考えてみると、全く個人的な出来事と思っていた自分自身の生活体験や感受性、思考の変化が、社会的な時代の移り変わりに密接に関わっていることがわかることもあり、新しい発見や驚きがあったりする。

さらにもう一つの時間感覚として、だいたい一〇〇年くらいを一つの単位として、歴史を遡るやり方が考えられる。一〇〇年という時間は、一人の人間が体験できる時間としては最大限に近い時間の幅だ。しかもちょうどいま、新世紀を迎えたばかりだということもあり、自分の「生」の体験にわりと即してイメージしやすい時間の幅ではないかと私は思う。そして私たちが住む日本を考えると、この一〇〇年は、まさに「モダン（近代）」社会として成熟する（またそれとともにさまざまな〈新しい〉問題が生み出された）過程だったと考えられる。

だから、他者とのつながりをじっくり考えるために歴史性をとらえ直すという問題意識をもったとき、「モダン」の成立と展開という課題がとりわけ大切な焦点となってくるのだ。

モダンの成立と関係性の変容

では、モダンの特徴とはどのように描けるだろうか？　まず、身分制（日本の場合は「士農工商」）が崩壊し、人びとが活動の自由の可能性を手にいれたこと。それに伴って「大衆社会」が生み出される過程であったこと。その基本には産業の「資本制的」発達があり、また、国民国家が成立し、さまざまなレベルの国家間競争（直接的暴力を用いる「戦争」から、間接的な「経済競争」まで）がもたらされていること――このような特徴を指摘することができるだろう。

こうした社会システムの全体あるいは社会全体の制度的側面からとらえられるモダンの特徴と密接に関わりながら、しかし相対的に区別される問題として、個々人の人間の「生活様式」あるいはコミュニケーションの質的変化といった〈個のあり方〉、あるいは〈関係性の次元〉の問題が存在する。言い換えれば、近代における「主体」の成立と主体間の関係性の変容という問題である。これは、私たちの日常生活のあり様に直接的に関わるレベルの問題であり、つながりを考えることにとってとても大事な論点となる。

この両者の関連をどうとらえればよいかについて、基本的な考え方のヒントを与えてくれるのがジンメルの「モダン文化」論である。しかもこのモダン文化論は、彼の〈相互作用論的社会観〉と重ねて理解することによって、モダンの展開・変容をも視野に入れた「ハイ・モダニティ」論としての意義を帯びるようになる。以下では、右で述べた観点をふまえて、ジンメルの「モダン文化」*論を検討していくことにしよう。

＊本書では以下、ジンメルがいうdie moderne Zeitを「モダン」と表現する。基本的に私の考えでは、modernは「モダン」とカタカナで表記するのが一番よいと思うのだが、あえて訳語をあてれば（「現代」ではなく）やはり「近代」が適切であると思う。周知の通り欧米語のモダンの訳語としては「近代」「現代」の二つが考えられる。そして「現代」という訳語は、「近代」と区別して歴史の時代区分を表わす語として用いられる。（日本でいえば、第二次世界大戦の敗戦（一九四五年）までを「近代」、いわゆる戦後を「現代」といったように）。しかし、多くの「近代論」が暗黙の前提としているように、現代もまた近代の一位相として理解されるべきであり、決して近代という時代が終わり、全く新しい時代として現代がはじまったわけではない。だから「近代」の方がより〈包括的な〉語だということになる。ただし「近代」という訳語を採用したとしても、たとえば一七、八世紀からずっとモ

ダンはその性質を変えずそのまま続いているということがいいたいのでない。もちろんモダンは確実に変容を遂げている。私たちが生きる社会は、モダンの本質は引き継ぎながらも、少しずつ変容を見せている。そうしたニュアンスをあえて表わそうとすればギデンズのように、「ハイ・モダン」「ハイ・モダニティ」といった表現が（ポスト・モダンというい方よりは）適切だと思う（「ハイ・モダン」「ハイ・モダニティ」という概念については、ギデンズ『近代とはいかなる時代か？』を参照のこと）。

モダン文化論の基本的構図——「主体の文化」と「客体の文化」

まず最初に、彼の「モダン文化」論の基本的構図について説明させてほしい。「文化」とは第一に私たち一人ひとりが身に帯びているいろいろな能力（それは知的能力だったり、情緒的センスだったり、総合的判断力だったり、身体的運動能力だったりする）を意味する。つまり「文化」とは、「自然」界に生きる動物たちとは違う人間に固有の生活様式を身にまとっている個々人のあり方のことを指す。ジンメルはそれを「主体の文化」と呼ぶ。つまり第一義的には文化とは「主体の文化」なのである。

　しかし、人間は自分たちの力だけで自己を文化的に洗練させていくことはできない。自分たちの生命活動を通して自分たちの外に、客体としてのさまざまな形成物（それは具体的なモノのかたちをとることもあるし、直接的には触れられない「制度」というかたちをとることもある）を作り上げる。人間たちが自分たちの生の営みを積み重ねて自分たちの身のまわりに作り上げた事物や制度のことをジンメルは「客体の文化」と呼ぶ。そして人間はいったん自分たちの手から離れ自律化した「客体の文化」を、再び自分自身の活動能力の糧として取り入れることによって「主体の文化」を洗練させていくのだ。

歴史とはこのような過程の積み重ねであるとジンメルは考える。そしてモダンとはそうした文化の歴史のいわば〈頂点〉として位置づけられるのだ。そこでは、最高度に発達した「客体の文化」を自分の内に取り入れながら、最高度に洗練された「主体の文化」を身につけた近代的人間が生み出されるはずであった。しかし、「必ずしもそうはなってはいない」ということが時代に対するジンメルの危機意識であった。そのことを彼は、「主体の文化と客体の文化の齟齬《そご》的関係」（『貨幣の哲学』第六章）と表現する。それは二つの側面がある。一つは、社会の諸制度や科学技術といった「客体の文化」の圧倒的な発展に比して、それに見合ったかたちで主体の文化的形成がなされていないということ。二つは「客体の文化」の発展によって「主体の文化」がかえって損なわれるような問題が発生しているということ。すぐ前の章でみたように貨幣メディアが生活に浸透することによって、「倦怠」やニヒリズムの危険性が増したことは、このような問題の文脈で理解することができる。また、ジンメルの危機意識は、社会のシステムやテクノロジーの発達が、私たちの情緒的感性や人間としての総合的判断能力を低下させる危険をはらむことの指摘の先取りとも理解される（パソコンやインターネットの急速な発達が、私たちの自我意識や対人意識に、「生」のリアリティを欠く方向での変容をもたらしている問題が指摘されていることを思い起こしてほしい）。

モダンにいたって急速に進むこのような文化的傾向をジンメルは批判的にとらえる。しかし、注意しなければならないのは、ジンメルは「モダン文化」の可能性を丸ごと否定しているのではない、ということである。第七章でもみたように、モダンに対するジンメルの姿勢は、アンビバレント（両面価値的）な側面を多分にもっている。

というのは、ジンメルにとってやはり「客体の文化」は、主体の文化をより洗練させていくための不可欠の「準備物」だからである。圧倒的に増大する「客体の文化」の蓄積は、「主体の文化」にとっての脅かしという側面をもつと同時に、主体の文化にとっての可能性の増大という側面を決して失わないと彼は考えるのだ。問題は主体の文化的形成にかなうかたちで客体の文化を形成、蓄積そして変容できる可能性があるのかどうかということである。あるいは主体の文化的形成の「準備物」として「客体の文化」をきちんと取り込める（場合によっては意識的に取り込まない）態度を取れるように、主体の側が自らを洗練させていく可能性があるのかどうかということである。

客体の文化の複雑性を解きほぐす

さて、こうした「主体の文化と客体の文化の齟齬的関係」というモダン文化の問題を解きほぐしていく道をどのように探りあてたらよいのか？

私の考えによれば、解決の戦略は二通りある。

第一に、「主体の文化」に比して圧倒的な増大を見せている「客体の文化」に対して、主体の側が何らかのアクションをかけることにより、いま目の前にある客体の文化を、主体の文化的形成にとって有意義なかたちに変容させることをめざす戦略が考えられる。ルーマン的表現をすれば、客体の文化がもつ「複雑性」を「縮減」し、主体の文化的形成にかなうように変容させうる「メディア」を、社会のサブ・システムのそれぞれの領域で見い出していくという戦略だ。

第二の戦略としては、主体の文化と客体の文化のアンバランスや矛盾といった様相とは異なる傾向を、モダンそのものの進展のなかに可能性として見い出し、それをより現実化する方向で努力に努力を重ねるということが考えられる。これはジンメル自身が提起している方法であり、彼はこれまでの文化の担い手である「男性」ではなく、「女性」が文化の担い手として中心的役割を果たすことによって、モダン文化が抱える問題を乗り越えようとする「女性文化」論を構想した。

ではもうすこし詳しくこの二つについて吟味してみよう。

まず第一の戦略についてだが、残念ながらジンメルはこの点についての議論を具体的には展開していない。だからあくまで私自身の考え方になってしまうのだが、少しだけ指摘しておけば、そういう可能性はいろいろな局面で潜在的に見受けられると私は考えている。たとえば、コンピュータという「客体の文化」がいまから数十年前に生み出されたときにはそれを使いこなせる人というのはほんとうにごく一部のエリートだった。それがアップル社が「アイコン」を操作するという画期的な方法を発明し、それまで支配的だった「コマンド入力」というものを徐々に駆逐《くちく》し、「マイクロソフト社」が「ウィンドウズ」というかたちでそうしたやり方を広く普及させ、コンピュータは文字どおり「パーソナルな」ものに、いわゆる「パソコン」になっていった。それと同時に、コンピュータ操作を説明する「マニュアル」も月日がたつうちにわかりやすく工夫されてきた（いまから約二〇年前のコンピュータに添付されていたマニュアルなんてそれはひどいものだった。知っている人にしかわからない呪文のような代物だった）。つまりコンピュータはそのものの改良とともに、周辺器具の接続の容易さやマニュアルの整備などによって、よりパーソナルに、いわば主体の文化的形成の有力な道具になっている。

さらに官僚制度といった社会的制度を例にとれば（これもジンメルがいう「客体の文化」の典型的な一つだ）、窓口でのサービス的配慮の質的向上から情報公開法の施行による業務内容の開示にいたるまで、よそよそしい「客体の文化」としての性質を徐々にではあるが緩和してきている。

こうした「客体の文化」の主体に対する接近の傾向は、医療現場（カルテ開示やインフォームド・コンセントの重視）あるいは法曹界の変化（裁判所や弁護士のあり方をめぐる改革）、さらには私の職場である大学の制度改革にまで及んでいる（ジンメルが生きていた時代は、社会の制度や文化はどんどん複雑化し、自律化した論理をもち、人びとの生活を「上から」押さえつけるものとしてイメージされるような時代だった［本書第三章を参照のこと］。だからこうした側面から、モダンのもつ可能性について論じられなかったのは、しかたがないことなのかもしれない）。

分化の原理とは異なる人間的価値への感覚

では第二の戦略（つまりモダン文化の傾向とは違う文化的可能性をモダンの進展そのものにみていこうとする）の可能性についてはどうか。先ほども指摘したとおりこれはジンメル自身が構想しようとした事柄だ。

ジンメルはこの問題を考える視角として〈男性―女性〉という観点を導入しようとする。つまり、今日にいたるまで進展する「分化」の過程の頂点としてのモダン文化は、「男性」がその担い手の中心であった「男性文化」であったとジンメルは考える。だからそうではなく、「女性」が文化の中心の担い手になったときに、これまでとは全く新たな文化価値の創造がもたらされる可能性があるというかたちで、当時の女性運動への心情的支持などを背景に、彼は「女性文化」論を展開している。

しかし——これはあくまで私の考えだが——「男性」「女性」といういい方はあくまで比喩的表現として理解した方がより現実的であるように思う。ジンメルが「男性」という意味はまず何よりも「分化」という原理を意味し、これまでの歴史の流れがいわば「システム分化」の歴史としてとらえられるということを意味する。そして「女性」とは「統一性」あるいは「親密性」のメタファーとして理解され、分化の原理とは違った人間的価値への感覚がそこには込められている。だからジンメルが「女性文化」ということで構想しようとしたより実質的な内容は、少なくても関係論・自我論の文脈としては、男性対女性というかたちで文化創造の担い手を具体的に区別して考える発想よりも、彼の〈相互作用論的社会観〉においてこそ展開されていると私は考えている。

私が本書の第三章の最後で、〈ジンメル（の相互作用論）によって、ジンメル（が描く社会の物象的性格）を乗り越える〉といういい方をしたのだが、そのことがここでもいえるのだ。客体の文化の圧倒的な増大という指摘は、言葉を換えれば、全体としての社会がさまざまな下位システムの複雑な分化を重ねることによって、物象的性格（それ自身の論理と個々の人間に対する従属的位置づけを強いるということ）の強化ということを意味する。しかしそれだけの指摘であれば、やはりそれは「モダン（近代）」理論の枠を越えない。ジンメルの議論が「ハイ・モダン（現代）」にまで射程が及んでいると考えるためには、彼の相互作用論に対する新たな解釈が求められると私は考えるのだ。

〈制度性〉と〈親密性〉の二元性

この問題を詳しく展開するために、ジンメルの文化の二元論（主体の文化と客体の文化の齟齬的関係）を、〈親密性の感覚と制度性の論理とのせめぎ合い〉という表現に置き換えて現代の私たちの生活に即したかたちで解釈していきたいと思う。そうすることによってジンメルのモダン文化論は、現代の私たちの「生」のあり方をとらえ直すハイ・モダニティ論として再生すると考えられるからだ。

ジンメルが問題にしたモダン文化の危機意識は、ひと言でいって「近代的主体」に対する〈制度性の優位〉への警鐘としてとらえられる。モダンという時代になってはじめて社会を構成するメンバーとしての資格をもつ「主体」としての人間が要請された。しかしそうした人間の主体性は近代のさまざまな制度的システム（＝「客体の文化」）によって脅かされている。おそらくヴェーバーにも通じるであろうこうした危機意識において、人間にとって最も重要視される価値は自律と強い意志であろう。つまり人間の意図や意志を越えたところで社会それ自身が己のメカニズムをもち、人間を己の手段的位置に置こうとする傾向に対抗するようなかたちで、人間が主体的な意志と判断力、そして高貴な道徳心を保持しつづけること——こうした困難な課題が、強さを旨とする「近代的主体」には課せられることになる。

しかし、実はモダンはもう一つの側面を有していた。それは制度性に対抗するかたちで生み出された〈親密性の成立〉である。歴史社会学や家族社会学が明らかにしているように、たとえば「ロマンティック・ラブ（恋愛）」の社会的是認や「愛の関係」を基礎的価値として要求される「家族」のあり方はまさにモダンが要請した〈親密性〉要求にもとづいて形成されている。パーソンズが七〇年代にすでに明らかにしたように、家族に要求される社会的機能は「成人の情緒的安定」と「子どもの養育」に収斂されているといってよい（パーソンズとベールズ『家族』）。

しかしこれは、ほかのさまざまな社会的機能が外部化された結果、家族が互いに親密な存在として向き合うことを〈要求〉される、ある意味では過酷な（というか成員にとって負担過剰な）関係の形成を強いるとも理解される。家族ばかりではなく、学校や職場、趣味のサークルなど身近ないろいろなところで〈親密性〉の意識、あるいは他者関係への〈繊細な感覚〉〈微妙な距離の取り方〉が要求されているのだ。モダンが進行し、私たちの社会は、「高度情報化社会」、「消費化社会」として成熟すればするほど、そうした他者への配慮の感覚はますます高度に要求される。なぜなら、ハイ・モダニティとしての現代社会においては、「身分」や「共同体的規範」といった〈行為のマニュアル〉を準備してくれる社会的属性はほとんど無効化しており、人びとは自分たちのコミュニケーション能力を頼りに身近な人びととの親密な関係の形成とその場における他者からの承認を得る必要があるのだ。

この問題をたとえば「家族」を例にとって次のようにいってみることができる。

かつての時代においては、各家庭ごとの貧富の差が人びとの生の絶対的条件を形作っていた。日本でいえば、それは近代が成立しても変わることはなかった。大地主の息子に生まれるか、それとも貧農のせがれに生まれるかは、その人の人生に決定的な影響を与えたのである（どんな夫婦仲の家庭の子どもかなどということ以上に）。しかし、とりわけ一九八〇年以降の「豊かな社会」の到来以降は、ある意味ではそうした経済的条件以上に、どのような関係の親密性を実現している夫婦の下に生まれるかということが子どもにとって決定的な意味をもつようになったといってもいいだろう（親密性は正の表現をとれば、まさに「愛」の関係になるだろうし、負の表現をとれば「憎しみ」という感情がもつれ合った関係になる）。

「恵まれた家庭」に育つということは決して経済的意味ばかりが優先される事態ではなく――もちろん経済的条件は無視できないものであるが――、「家庭に居場所があるかどうか」「やすらぐ関係とスペースがあるか」「家にいてもつまらないかそうでないか」といったことが、決定的に重要な契機になってきている。そしてモダンが準備した親密性の実現可能性は、人びとの〈幸福の条件〉としてますます他者との関係性の充実を要求している。そして家族がダメなら学校の友人と、直接的に顔を突き合わせる家族や友人がダメなら、携帯のメル友やインターネット上の知り合いというように、携帯電話やパソコンの進展は、直接的な人間関係では享受できない親密性の感覚を、バーチャルなかたちで代替できるツールとして今後ますます私たちにとって重要な意味をもってくるだろう。

しっかりした定職があってオマンマが食えればそれが幸せのかたちという、モダンが想定した幸福の感覚から、私たち日本人は（とりわけ若い人たちを中心に）、いっしょに居て安らぐ、あるいは自分のことをほんとうにわかってくれるという感覚を共有できる他者との親密な関係が、〈幸福のアイテム〉として重要な意味をもつハイ・モダンの時代に私たちは生きているのだ。

「社交」——関係そのものを楽しむ関係

さて、こうした文脈から再びジンメルの社会的相互作用論をみてみよう。彼の社会的相互作用論はこうしたハイ・モダンの文化状況の基礎理論としても充分活かしきることのできる内容をもっていると考えられる。たとえばこの本の第五章で取り上げた「秘密」に関するジンメルの分析は、こうした現代において、私たちが身近な他者との関係をどのようにとるべきかということに対する一つの知見を与えていることは、すでにみたとおりである。さらにここでは、ジンメルの「社交」論を取り上げ、ハイ・モダン（現代）に生きる私たちの関係形成の一つの基本型を描いてみたい。

ジンメルは『社会学の根本問題』の第三章において「社交」の分析を行なっている。

彼がいう「社交」とは、〈関係そのものを楽しむ関係〉のことである。それはどういうことかというと、社交とは、何か獲得すべき目的や利害に左右された関係ではなく、純粋に他者との関係を味わい、楽しみ、享受する態度を前提とし、そうしたあり方を求めた関係のことだ。

「社会的相互作用」の「純粋な」形式として社交が理解されるというのは、以下のような理由による。一つに社交という関係は、何か別に目的があってそれに付随して関係が形成された状態（典型的には「商取引」など）ではなく、関係することそのものが自己目的であるような関係である。だから関係を作って何か成果や結果が求められているわけでなく、関係の「プロセス」そのものを味わうことが目的になる。ジンメルは社交の本質を「ゲーム性」という言葉で表現する。社交においては、人びとは、社会的に要求される何らかの成果を期待されることなく（その意味でこの関係において「自由」である）、しかし一方、自分の全く好き勝手な欲望の実現や立ち居振る舞いを制御しなければならない（その意味で社会的制限、つまり共有されたルールの下にいる）という二重の存在として、自己をコントロールしなければならない。たとえば社交的関係においてあまり深刻な社会的問題の議論や、個人的すぎる話題に一方的に終始することは、野暮《やぼ》なこととして敬遠される。

「距離」感覚の繊細さ

社交で問題になるのは、「リアリティ」からの距離感覚である。この距離感覚がうまくとれないと社交的関係はうまく築けない。成果達成型の多くの社会関係が人びとに求めるのが「誠実」であるとすれば、関係そのものを楽しむことをめざす社交が求めるのは「審美性」であるとジンメルはいう。しかし「審美性」とは表層的な社交的マナーだけを意味するものではない。それは、洗練された社交的ふるまいをとおしてまさに関係そのものを〈味わう〉能力のことであり、そこにおいては自分と他者との距離のバランスに繊細に配慮できるようなセンスが問題にされる。つまり、どこまで自分をさらし、どこまで自分を隠すか（露わにすることとベールを被せること）や相手のプライバシーにどこまで踏み込み、どこで遠慮するかといった距離感覚の繊細さが要求されるのだ。そしてこのような繊細な自我のあり方は、同時に自我の〈弱さ〉にもつながる。また、とりわけ注目してほしいことは、ジンメルは社交的関係をいわゆる社交界という場所にのみ限定された相互作用として位置づけているわけではない、ということだ。ジンメルのいう社交とは、モダン以降の親密な人間関係の本質に関わる概念であり、それは、この本の第五章でみた「知人関係」ときわめて近い性質のものである。他者への繊細な配慮性とそれにもとづいて関係そのものを味わおうとする態度――これこそが社交的心性の本質であり、若い世代を中心として現代の自我にみられる〈弱さ〉の特質につながっているのだ。

ハイ・モダニティとしての現代

ジンメルのモダン文化論は、いわば近代の表の顔である〈制度性の論理〉を「主体の文化と客体の文化との齟齬的関係」という観点から批判的に検討したものといえる。こうした近代の論理は、人間の情緒や感受能力といった内的自然と自然環境としての外的自然の両側面に深刻な影響を与えており、近代（的価値）に対する不信はいたるところに広がっている。

しかし近代は、そうした制度性の論理を社会の物象的性格というかたちで生み出しながら、もう一つの論理である「親密性」の論理を準備した。そして社会の物象的性格はヴェーバーに代表される古典社会学がとらわれたような「鉄の外枠」としてイメージしなければならないものではない（本書第三章を参照のこと）。近代以降を生きる私たちは、社会の物象的性格をどう乗り越えるかという課題をクリアするためにも、親密につながるということはどういうことか、それはどのようにして可能になるのかという問題を考えてみる必要があるのだ。

というのは、このような親密なつながりへの欲求を基本にしてはじめて、制度性の論理の次元での社会の問題が、どこか遠くの問題としてではなく、自分自身が引き受けるリアルな問題としてとらえられる可能性が開けてくると考えられるからだ。自分らしく生きたいという欲求、身のまわりの身近な他者との関係を充実させたいという欲求に支えられてはじめて、そうした欲求を制限するもの、あるいは逆にそれを支える条件として「社会」というものが意識されると私は考える。自分たちの「生」を制限するものとして感じられれば社会的「問題」として、自分たちの「生」を支えるものとして感じられれば生の「条件」として、「社会」は浮き彫りになってくるだろう。

人それぞれの生活のあり方の違いによって、解決すべき個別的問題としての社会は、たとえばリストラという問題のかたちや高齢者介護や地域経済の衰退という問題のかたちをとって目の前に現われるかもしれない。また積極的な条件としての社会は、これから家族をどう築いていくかとか、自分の子供にどのような教育を受けさせたらよいのかとか、ボランティア活動にどのように積極的に参加していったらよいのかといったかたちで現われるかもしれない。いずれにしても、自分自身の「生」へのこだわり（それがジンメルのいう「主体の文化」の本質だ）と関係そのものを味わうことへの欲求を基本にして、はじめて「社会」は、自分の「生」にリアルに関わる概念として感覚されるようになると私は考えるのだ。

だから、親密性に可能性を開いた近代という時代と向き合うことによって、他者とのつながりについてより深い洞察が得られるのだ。私がこの章でモダンあるいはハイ・モダンという時代の問題にこだわった理由はここにある。

彼の社会的相互作用論は、近代がもつ制度性の論理とは異質な原理を近代そのものが同時に準備したことをきちんととらえている。つまり近代の表の顔とは相対的に独立したもう一つの顔へ着目しているのである。それが「秘密」や「社交」における関係性の論理なのだ。ジンメルがたんなる「モダン」の思想家ではなく、「ハイ・モダニティ」を見据えた思想家だと私が考える理由がここにある。近代は「制度性」とともに「親密性」への感覚を醸成してきた。そしてその意味が大きくなってきているのが「ハイ・モダン」としての現代の状況だといえるだろう。

現代における私たちにとって、自我とは近代の生成期にイメージされた「主体」のように決して「強い」ものではない。むしろ傷つきやすくもろいものといってよいだろう。私たちにとって他者との距離感覚をどのように保つか、他者と〈わかりあえる〉関係をどのように保つか、その結果、他者との関係がうまくいくかどうかということは現代に生きる私たちにとって幸福の大きな条件となっている。そして同時に距離感覚の失調あるいは麻痺が招いた結果といわざるを得ないような事件が携帯電話やインターネット上の「出会い」を通じて起こっていることなどを見聞きするにつけて、あらためて、人と人との相互作用の微妙な問題性について考え直す必要が増していると考えられる。

しかしながら、こうした新たな親密性のなかで何とか〈自分らしさ〉を求めようとするなかからこそ、自分たちに迫ってくる〈制度性の理論〉を〈他者とのつながり〉を支えるかたちに作り替えていこうとする意欲と行動の可能性がみえてくるのではないか。

ジンメルの社会的相互作用論は、彼のモダン文化論と結び付けて理解されることによって、まさにこうした問題を考える基本的視角を準備してくれるものだと私は考える。その意味でハイ・モダンとしての現代を考え、そこに生きる私たちが他者とのつながりを考える際の足がかりを用意しているといえるのだ。

　現代を生きる私たちは、近代哲学や古典社会学が要請したような〈強い近代的主体〉の再生に答えることはできないだろう。しかしジンメルの相互作用論とモダン文化論を基点とすることで、私たちは、〈弱い現代的主体〉である自分たちのもろさを否定するのではなく、そこからお互いの〈つながり〉を考えていくことができるのである。

終章

〈私から社会へ〉のルート探し
——〈根性なしの社会学〉からの出発

最後に、ジンメルに依拠して展開してきたこれまでの私の議論が、「現代」の文脈のなかでどのように位置づけられ、活かすことができるのかについて確認することを通して、本書を閉じたい。

「課題」としての〈私から社会へ〉

この本で私が試みたかったことは、〈私から社会へ〉と開けていけるような理論的方向性を模索することだった。このことは、自分にとって「社会」を考えることがある種の内的必然性をもった営みでありたいという、ごく若い時期からの私のこだわりに由来する。「序章」でも書いたように、「私一身のことではなく、社会のことや国家のことを考えるべきだ」というように、公共的な大問題を自分の外から与えられることについて、私はしだいに懐疑的になっていった。「私にとって最も大事だと思われることについて考えたい。それはもしかしたら私一身のことだけにとどまることなのかもしれない。しかしそれだけでは何だか息苦しくなる予感がする」。そのような「感じ」を大学に入りたてのころからしだいに私はもつようになっていった。

さいわい私の場合は、ジンメルと出会えたことによって、ある程度そうした思いに自分なりの見取り図を描くことができるようになった気がしている。しかしいまでも、「自分はほんとうは社会のことなんてどうでもいいと考えているタイプの人間なのではないか」という思いに囚われるときもある。

私にとって大事だったのは、「私」から出発して何かしら「社会的なるもの」につながることによって、そこからもう一度「私とは何か」をよくとらえ直してみることができるための〈私から社会へ〉というルートを探し当てることだったのだ。きちんと自分のことを考えるためにも、自分の内側だけに自閉するのではなく、何か〈開けた〉地平に立って、そこからもう一度自分をとらえ直してみたいと思ったのだ。つまりそれは〈私にとってのほんとう〉をつかむことであり、それを語る言葉をもてたときはじめて、〈私たち（＝自分にとって身近な他者）にとってのほんとう〉を志向する動機が芽生えるだろうし、さらには〈みんな（見知らぬ他者をも含めた人びと一般）にとってのほんとう〉を求める態度が形成される可能性もまた生じると考えられるのだ。逆にいえば、自分の外にすでに準備されてある「客観的真理」を追求する言葉から私や社会について考えたのでは、そうした〈ほんとう〉の感覚は決して育たないと思うのだ。

忘れられぬ言葉――〈根性なしの社会学〉

そうした感覚が私のなかでどのように育っていったのか、もう少し振り返ってみたいと思う。
まだ大学一年生のころ、当時大学院生と学生で自主的に運営していた「社会学ゼミ」のコンパの帰り道、一人の先輩が酔っ払いながら私に語りかけてきた。このときくれたひと言が、その後の私にとっての「社会学」のイメージを作り上げたといっても過言ではない。彼はこういった。

「カンノ、これからは〈根性なしの社会学〉の時代だよ」

もちろんはじめてそれを聞いたときは、何のことをいっているのかちっとも理解できなかった。しかしその先輩とは家に帰る方向が同じであり、タクシー代を節約するために小一時間の道のりを歩いて帰る道すがら、一度のみならず何度も、その〈根性なしの社会学〉という言葉を聞かされる機会があった。二人ともずいぶん酔っぱらっているので、そのことが何を意味するのかについてきちんと議論することはついになかったが、ときがたつにつれて、〈根性なしの社会学〉という言葉がだんだんと自分のなかに入っていく実感が涌いてきた。

この言葉は、自分が社会学を専攻するかどうかで思い悩んでいた時期、社会学に進むと決めながらも何となく自分の問題として社会学的課題を引き受けられない時期、ジンメルを知ることにより何となく自分の考えの方向が見えてきたように思いながら、それでもはっきりと自分の問題をつかめないでもやもやしていた時期、それぞれの時期にとても気になる言葉として私のなかで引っ掛かりを感じさせていた。

〈根性なしの社会学〉――いまならこの言葉をめぐって、少しましな議論ができるような気がする。

戦後（社会学に限らず）社会科学全般は、日本社会全体の「近代化」を実践的な課題として骨太の議論の構築を求めていた。その手本となったのが、マックス・ヴェーバーとカール・マルクスの議論であった。戦後社会科学の中心課題であった「マルクス―ヴェーバー問題」は、戦後の日本社会の「構造的本質」をいかにつかみとるかという点に関心の焦点を置いた多くの研究者の注目を集めた。

さらに政治的には六〇年安保から七〇年前後の全共闘運動にいたるまで、学生が自分のちまちました日常生活を越えた「社会全体」のことを引き受けるのはいわば当然のことであり、〈私から社会へ〉などということはほとんど問題にされない時代が続いたともいえる。そうした時期の社会学は、いわば「〈気合の入った〉社会学」として、社会の構造―機能分析のマクロモデルや社会全体の近代化の問題などについてさまざまな議論が起こっていたわけである。

しかしこれまでにも述べたように、そうしたいわば〈強い主体からなる大社会〉を論じることを自明視することは私にはできなかった。むしろ私の関心は、日々の日常生活のこと細かい部分に着目して、人間の主体のあり方と社会を結び付けて考えるというところにあった。こうした課題設定が、「ミクロ社会学」「日常生活の社会学」あるいは「現象学的社会学」という名のもとに、社会学の一つの分野として成立していることを私はやがて知る。

しかしこうした「ミクロ社会学」の研究者の多くは、いわゆる「マイノリティー」の立場に立った日常生活批判を問題の出発点としていた。けれども「障害者」でも「在日」でもましてや「女性」ですらない私にとって、そうした問題の立て方は、私にとっては結局、〈社会的弱者の立場に立つ「べき」だ〉という自分の内側からではない外からの要請に終わってしまうという点で、マクロな社会の構造論と同じような位置に置かれるものとなった。日常生活を考えるといっても、そこでの語られ方の定型である、〈日常生活の背後に潜み「差別」を支えている「微細な権力」を暴き出す〉といった問題意識にそのまま乗ることはとてもできなかった。

「社会」について、何かしら考えてみたいという欲求がありながらも、実に中途半端な感じを学生時代から私はずっと拭い切れなかった。それこそ私はまさに〈根性なし〉だった。だからもし〈根性なしの社会学〉というものがあるとするならば、それが私にとっての〈ほんとうの〉社会学になることは間違いなかった。強い主体からなる大社会あるいは社会の大問題を引き受けきれず、「私」自身をどのように「社会」（あるいは「他者」）へと開いていけるかなどとぐだぐだ考えている私は、正真正銘の〈根性なし〉なのだ。

そしてかの先輩が、「これからは『〈根性なし〉の社会学』の時代だ」と酔っ払った勢いで喝破《かっぱ》していたのは、「そこ」から（つまりひ弱な「私」から）考えていくという姿勢がない社会学は、「生」のリアリティにつながるかたちで理論を展開できる可能性を、これからはどんどん失っていくだろうと直観していたからだと思う。そして、私は、結局ジンメルと長く付き合うことで〈私から社会へ〉という考えの進め方を学び取ることができるようになった。それにより、私なりの〈根性なしの社会学〉という思考の足場を形作れることになったような気が、いましているのだ。

他人との関係に傷つきやすい現代人

私がいいたかったのは結局次のようにまとめられる。

私たちは、ややもすると、「社会」というものを、自分たちを越えたいわば「生」に先行してすでにある「実体」として理解する場合が多い。しかも社会を私たちの上に覆いかぶさる「一枚の大きな岩」のように感覚することは、私たちの「生」をとても息苦しいものにしがちだ。私たちの「生」をよりよく活かすためには、もう少し異なった〈社会的イメージ〉が求められる。それが、「社会」というものを私たち一人ひとりの日常的な行為が織り成す関係の網の目として理解する視角なのだ。

ジンメルがそうした視角をまさに準備したのであり、彼は、社会を実体としてではなく、生成するプロセスととらえ、それを「相互作用」と呼んだ。社会を「相互作用」の網の目として理解することによって、人間の「生」を一方的に規定するイメージから離れ、人びとの生の現実化である行為が社会を形作るという側面がとらえられる。人びとの「生」と社会の関係はいわば「作りつつ作られる」関係にあるということが浮き彫りになるのだ。

そうした社会イメージを背景に、本書では私たちの自我の不安の問題（＝ほんとうの私）や私と他者との関係や社会的ルールの妥当性などについて論じてみた。少し補足的に説明すれば、現代における自我の不安やコミュニケーション不全の問題は、「身分」や「共同体的規範」が意味を失い、「自由」に行為し個人的欲求を追求できるようになったことの〈代償〉として理解されるべきものであり、決して全否定的に理解してはならないということが肝要な点なのだ。

おそらく現代の私たちは過去の人間たちに比べて社会性が著しく欠如しているというよりは、個々人の社会性のポテンシャル（いろいろな場面や状況で対人的にきちんとふるまえる能力）がより多く求められているか、あるいは少なくともこれまでの時代とは質的に違うかたちでの社会性が求められているといえるだろう。それは、身分や共同体的規範の喪失によって、外から与えられた社会的振る舞い方の雛形が崩れ、自分自身で「主体的」に他者との関係を構築する能力が求められていることに起因する。

現代人の自我は、たしかに揺らいでいる。しかも現代人の自我の基本的な傾向として、〈審美性〉と〈傷つきやすさ〉が指摘されている。〈審美性〉とは、自分にとっての心地よさや生きる味わいを大切にする態度であり、〈傷つきやすさ〉とは、他者との関係において期待外れや誤解が生じた場合にいいようもなく打ちひしがれてしまう〈弱さ〉のことだ。結局多くの人びとは、他者との関係に悩みながらも、なんとか他者と折りあって生きているといえるだろう。

こうした傾向は、やはりハイ・モダニティとしての高度消費社会の到来とは無縁ではあるまい。こうした〈時代の問題〉を先の第八章において、ジンメルの「モダン文化論」を手がかりに考えてみた。ジンメルの文化論はいわゆる「モダニティ」を越えた「ハイ・モダニティ」を射程に入れた理論であることを指摘した。それはひと言でいえば、つまり審美的で繊細な自我が要求される時代になっているということである。そうしたなかで、人びとは他者との関わり合いにこれまで以上に傷つき、あるいはもてあましているのである。

だから、いま求められているのは、他者や社会的ルールに対する個人の〈態度〉をどうとればよいのかという問題に対して、私たち一人ひとりが自分なりの「見取り図」を描く際の手助けとなる〈知的道具《ツール》〉を整えることなのだ。そして、そこにこそ「社会学」の一つの大きな存在理由があると私は思う。

他者との距離感覚の失調

では、一九世紀の末から二〇世紀の初頭にかけてジンメルが直面した課題を、現代の私たちの具体的な現実のなかで、どう引き継いで考えることができるかについて最後に少し述べてみよう。

私が現代日本に生きる一人の人間としてジンメルを読もうとしたときに、引き継ぐべき課題は大きくいって二つあると考えている。

一つはジンメルの思想を、オタクや引きこもりに象徴される「コミュニケーション不全」の問題を考える糸口として見直すということであり、もう一つは彼の思想を「ポスト・バブル時代の価値観の形成」を考える際の基点として再生させるということである。

第一の問題について——私の考えでは、現代の「コミュニケーション不全」の問題は、大きくいって二つの特徴があると考えられる。一つは「引きこもり」に代表される〈つながり恐怖症〉であり、もう一つは「携帯依存症」に代表される〈つながり依存症〉である。一九九〇年代のはじめ、中島梓が「コミュニケーション不全症候群」という言葉を編み出したとき、まだコミュニケーション不全の最も端的なイメージは「オタク」だったが、オタクはまだほかの人との関係を作る能力をもっている。それが、アニメの主人公や自分のお気に入りのアイドルといったある特定のテーマに限られたコミュニケーションであったとしても。

しかし九〇年代になって社会的に着目されてきた「引きこもり」の場合は事態はより深刻だ。ほかの人間や社会と関わりたいという欲求をもちながらそれができない。基本的な人間関係の構築に失敗し、それがトラウマになってますます外に出ることができなくなる——そうした「生」の悩みを抱える人びとは若者を中心に、現在もますます拡大しているように思われる。傷つきやすい自我を抱えた現代の若者が抱く他者に対する「恐れ」は、〈つながり恐怖症〉といってもよい状態を生み出し、他者との関係や社会のなかでも自分のポジションを見失わせている。

また、携帯電話を一時も手放せない若者は、一見すると「引きこもり」の若者とは全く正反対のように思われる（もちろん自分の部屋に引きこもりながらパソコンに向かって、ネット・コミュニケーションに精を出している人たちも多いだろう。しかし私がここで想定しているのは、ごくふつうに大学に顔を出し、せっせとアルバイトに精を出しているような若者たちである）。彼（女）らが、文字どおり常に電話を「携帯」し、講義の直前まで（そして場合によっては講義の最中においても）携帯のディスプレイを瞬時にのぞき込むその姿は、常にだれかと〈つながっている〉という感覚が実感できないと不安に陥る〈つながり依存〉の病いに冒されているといったらややおおげさすぎるだろうか？

引きこもりと携帯依存、表面的には対照的なこの二つも、ジンメル的視点からみれば、同質の問題をはらんでいると考えることができる。それはつまり、〈他者との距離感覚の失調〉という本質である。こうした問題をとらえる基礎的視角として、私はジンメルを読み直すことが可能だと考えている。

第二の問題について——「ポスト・バブル時代の価値観の形成」というこの問題についてはちょっと説明が必要だろう。

第二次世界大戦以降、戦後の日本社会は——高度経済成長以降を経てバブル経済の時代にいたるまで——一貫してある種の価値観が支配的だった。それは、〈もっともっと豊かに〉というスローガンに象徴されるようなものであった。しかもその豊かさがいわゆる「モノの豊かさ」に集約されるようなかたちで追求されてきたこともまた周知のことであろう。しかしそうした戦後の日本の豊かさの追求のあり方について、批判的な物のいい方も絶えずなされきた。それは、たとえば「私生活主義批判」として、あるいはまた「清貧の思想」として、かたちを変えていった。しかし、そのどれもが家電製品や自動車あるいはブランド物の衣類、そして何より貨幣そのものといった物質的アイテムの圧倒的な力の前に、観念的なスローガンに終わってしまうといった性格を拭い切れなかった感がある。その感じを若者の立場に立ってひと言でいえば、「大人はモノの豊かさより心の豊かさが大事なんてお説教たれるけど、やっぱり世の中にいろいろあふれているモノの豊かさを味わわなきゃ損だよね」といった感じだろうか。これまでずっと続いてきた〈物質的豊かさより精神的豊かさを〉といったスローガンはどこか倫理的強制のニュアンスが強い、いわば外からの押しつけといった感じが強かったように思われる（たとえばそれは、「私」より「公」を優先せよといったスローガンだったり、〈質素につつましく〉こそが人としての正しい道といったニュアンスだったりする）。

しかしそうした状況が一九九〇年代の半ばくらいから少しずつ変わってきたように思う。つまり、それまでの精神的豊かさという表現で表わされてきた倫理的・自己制御的いい方とは違う、しかもそれでいて「何だかんだいって世の中モノとカネだ、社会的地位と財力だ」という欲望の方向性とは異なる価値観が、徐々に社会に浸透していると考えられる。つまり、何か大きな将来の目標に向かってあくせく動き回ったりするのではなく、それなりの自分の居場所を見つけ、〈いま・ここ〉の自分や自分と親しい人間との共有される時間を味わうといった「親密感覚」「つながり感覚」を大切にするといった傾向である。

つまりそれは、他者との関係そのものを味わうことが、ある種の豊かさの享受を意味するといった価値観だ。これを、〈関係の豊かさ〉と表現してもいいだろう。経済的豊かさが豊かさの第一目標だった一九八〇年代までの近代日本の完成期を経て、九〇年代以降のポスト・バブル期の現代においては——たしかに経済的豊かさは人間の「生」にとっての一つの大きな条件であることは変わらないとしても、他者との関係の豊かさを基本にした〈心地よさ〉への欲求が、現在の私たちには大きな意味をもっているといってよい。社会における〈居場所〉をいかに確保し、他者とのより心地よい〈つながり〉を作っていけるか——ポスト・バブル期としての現代日本を生きる人間にとっての生活の課題は、そうした方向に傾いているように私には思えるのだ。

〈幸福のデザイン能力〉とつながりの哲学

こうした現状のなかで私たちは、一人一人がそれぞれの〈生きる現場〉で、自分なりの〈幸福のデザイン能力〉を鍛え上げることが求められている。そこで生じる大きな課題となるのが、人と人との〈つながり〉をどのように考えるのか？　また人と人とのつながりのなかでの〈自分らしさ〉というものをどのように活かしていくことができるのか？　といった問題だと私は思う。

だから、これまでジンメルとともに考えてきたことを踏まえて、他者との〈つながり〉をどのように作り上げていったらよいのかという問いに対する私なりの見解を最後に示しながらこの本を閉じたい。

自分の弱さの受容

まず何よりも、自分の〈弱さ〉をいったん受容することから出発しよう。私は、いろいろな大学で毎年計五〇〇人以上の学生に講義をしているが、彼らに書いてもらう「コミュニケーション・カード」（授業の節目ごとにその場で書いてもらう簡単な文章）や学期末の「レポート」を読んでいると、自分自身に対する自信のなさや他者との関係に対して漠然とした恐れを抱いている若者がとても多いことに驚かされる。何というか自己肯定感がとても希薄なのだ。主な原因は、やはり、他者に対する恐れの感覚にあるようだ。しかも他者を恐れているのは自分だけであり、自分以外のほかの人間は他者に対する恐れなんか抱いていないのではないか、こんなことで悩んでいるのは自分だけではないかと勝手に錯覚している若者たちがわりと多い。その結果、自分に対する自己評価がとても低い、自己肯定感がもてない状態に陥っているのだ。しかし第五章でみたように、他者とはそもそも〈私〉の許可なく〈私〉を勝手に対象化してくる存在であり、その意味ではだれでも多かれ少なかれ他者に対する恐れはもっている。他者のまなざしへの恐怖心はだれにでも起こりうるのであり、だから他者とのコミュニケーションによって誤解が生じたり、傷ついたりすることを極端に恐れることなく、ある程度やりすごす術を身につけることが肝要なのだ。そのためには、まず他者との関係などでは傷つかない〈強い〉自分にならなければならないという先入見を取り払うことが大切だ。自分の弱さを弱さのままにまず素直に受け入れること、その上で自分の〈弱さ〉を前提にして少しずつ他者との関係を作り上げていくこと、その経験の結果、徐々に他者に対する耐性が作られてくる、と私は考えている。

〈つながり〉を作るための三つの原則

他者に対するこうした考え方を前提として、他者との〈つながり〉、つまりコミュニケーションにおいて基本となる次の三つの原則を私は最後にこの本を読んでくれた皆さんに伝えたいと考えている。

一つ目の原則は「他者性」への感覚、適度な距離感覚をきちんともつことへの自覚。この点は、第四章でも検討したことだが、とくに家族や友人といった「身近な他者」について、彼（女）らがどんなに親しい人間であっても自分とは違うほかの人間なんだという事実にもう一度深い認識をもつことだ。そうすれば、自分をありのままにわかってほしいとか、受け入れてほしいという他者への要求によって、自分自身が傷つけられるということも少なくなるはずだ。他者への期待過剰は、その期待がかなわなかったとき、より深く自分自身を傷つける。

二つ目の原則として「伝えきれない」という事実をきちんと受け入れるということ。自分の思いや考えはそのままのかたちで一〇〇%相手に理解されることは原理的に無理だという前提に立って、他者との〈つながり〉を考えるということである。どんなに親しい人間でも「他者」である限り、全く自分と同じ感性だったり、同じ考えだったりすることはありえない。その事実を出発点と考えれば、自分の感じ方や考え方が少しでも他者に伝わることがとても素敵なことに思えるはずだ。一〇〇%思いや考えが伝わることを基準にした減点方式ではなく、少しでも伝わることが喜びと感じられるような加点方式において他者との〈つながり〉が深く納得できる態度が形成されるはずだ。

三つ目の原則は、自己表現への恐れの克服ということ。第二の原則で述べたように、自分以外のすべての人間は「他者」なのであり、だから、一〇〇%自分の思いや考えが伝わるわけではない。しかしこれは他者との関係の絶望を意味するのでなく、この事実こそがコミュニケーションの出発点なのだという認識をもつことがとても重要になる。自分とは違うからこそ〈つながり〉を感じられたときにうれしさが増すし、自分の思いや考えを少しでも相手に届くように工夫したり、伝え方の方法を組み立て直したりすることが、〈関係の味わい〉をより深いものとしていく。だから最初はどんなに不器用であっても他者に向かって自分を表現することを諦めてはいけないはずなのだ。伝わりきらないことに絶望するのではなく、少しでも伝わった事実に希望を見い出すこと――このことの積み重ねが、最初は細い糸のようにある他者との〈つながり〉を、やがて次第に太い縄のように鍛え上げていくのではないだろうか?

このような理解の仕方をコミュニケーションの支えとして、他者との〈つながり〉を模索していくことによって、より開かれた〈自分らしさ〉を見い出していけるのではないか、といま私は考えている。目先の自分の欲求実現にとって、そこにいる人間が役に立つか立たないかといった功利的観点からの関係の作り方ではなく、お互いに自分たちの「生」を深く味わえるような〈つながり〉を模索する足がかりを築くための知的ツールを提供することが、この本での私の試みの核にもなっている。しかも、同時にそうした試みはいまはじまったばかりであり、それは今後も私たちの課題であり続けるのだ。

◎謝辞

社会学でいうところの「準拠集団」が私には二つある。一つは大学入学時から助手時代まで在籍した東北大学文学部社会学研究室だ。とりわけ細谷昂先生と佐藤勉先生にはひとかたならずお世話になった。また院生と学生とで自主的に運営されていた「社会学ゼミ」は、私の社会学体験の原点である。多くの仲間のうちとりわけ、〈根性なしの社会学〉というテーマを与えてくれた佐久間政広さん、原稿すべてに目を通しコメントしてくれた畏友、加藤眞義君には感謝したい。

　私にとってのもう一つの「準拠集団」は、竹田青嗣さんと西研さんを中心とした「現象学研究会」である。竹田さんのフッサールと西さんのヘーゲルとの出会いがなければ、ジンメルをこのように読み込むことはとてもできなかったように思う。研究会の仲間たち、とりわけ古川敦子さんからは、元気が出るありがたいコメントをいただいた。この場を借りてお礼を述べさせていただきたい。

　妻ジュンコには、イラストレーターの川村易さんとの打合せに同席してもらい、私が川村さんにうまく説明できない部分の論旨を代わりに的確に伝えてもらった。その川村さんには、私の拙い論理に対する理解を助けてもらえる多くの素敵なイラストを描いていただいた。

　このような多くの人たちとの「つながり」がなければ、〈根性なし〉の私がこの本を仕上げることはできなかった。しかし何よりも、編集者の向坂好生さんの粘りがなければ、この本が世に出ることはなかったことだけは確かである。なかなか最後まで書ききらない私を見捨てることなく、向坂さんは実に辛抱強く待ってくれた。そして「愛の編集者」（西研さん談）は、追い込みの最終段階で「愛のムチの編集者」に変身した。この本が少しでも読者にわかりやすく伝わる力を持っているとすれば、それは向坂さんの手腕に負うところが大きい。深く感謝したい。

そして最後に、私を研究者への道に導いてくれた父母に感謝の意を捧げたい。

二〇〇三年三月末日

菅野　仁

◎引用・参考文献

(1) 本書でのジンメルからの直接の引用は、基本的に以下の訳書によっているが、一部訳し直した部分がある。
『貨幣の哲学(新訳版)』居安正訳、白水社、一九九九年
『社会学』居安正訳、上・下巻、白水社、一九九四年
『社会学の根本問題——個人と社会』清水幾太郎訳、岩波書店、一九七九年
なお、ドイツ語の原典は、Georg Simmel Gesamtausgabe, Suhrkamp. を基本にしている(ただし『社会学の根本問題』は、Georg Simmel, Grundfragen der Soziologie : Individuum und Gesellschaft, 4. Aufl., 1984, Walter de Gruyter. を用いた)。

さらに、日本語で読めるジンメルに関する文献として、以下のものを挙げておく。
『ジンメル・コレクション』北川東子編訳、鈴木直訳、筑摩書房(ちくま学芸文庫)、一九九九年
(本書の「はじめに」で取り上げたエッセイ「橋と扉」は、この鈴木訳で読んで欲しい)
『ジンメル・エッセイ集』川村二郎訳、平凡社(平凡社ライブラリー)、一九九九年
『社会分化論　宗教社会学』(新編改訳)居安正訳、「現代社会学体系一」青木書店、一九九八年
『ジンメル初期社会学論集』大鐘武編訳、恒星社厚生閣、一九八六年
『ジンメル著作集』全一二巻、白水社、一九七五〜一九八一年
(第一巻　歴史哲学の諸問題、第二巻　貨幣の哲学(分析篇)、第三巻　貨幣の哲学(綜合篇)、第四巻　カント/カントの物理的単子論、第五巻　ショーペンハウアーとニーチェ、第六巻　哲学の根本問題・現代文化の葛藤、第七巻　文化の哲学、第八巻　レンブラント、第九巻　生の哲学、第一〇巻　芸術の哲学、第一一巻　断想、第一二巻　橋と扉)

(2) 日本のジンメル研究書・関連書としては、近年のものとして以下のものを挙げておく。参考にして欲しい。
早川洋行『流言の社会学——形式社会学からの接近』青弓社、二〇〇二年
居安正、副田義也、岩崎信彦編『21世紀への橋と扉——展開するジンメル社会学』世界思想社、二〇〇一年
居安正、副田義也、岩崎信彦編『ゲオルク・ジンメルと社会学』世界思想社、二〇〇一年
(この本の巻末には、ジンメル文献目録が掲載されている。ジンメルについて本格的に勉強しようとする人はぜひ参考にして欲しい)
居安正『ジンメルの社会学』いなほ書房(星雲社)、二〇〇〇年
居安正『ゲオルク・ジンメル——現代分化社会における個人と社会』東信堂、二〇〇〇年
北川東子『ジンメル——生の形式』「現代思想の冒険者たち第01巻」講談社、一九九七年
廳茂『ジンメルにおける人間の科学』木鐸社、一九九五年
(3) その他この本で言及した著書ならびに参考にした著書を、筆者五〇音順に挙げる。
ヴェーバー・M『プロテスタンティズムの倫理と資本主義の精神』梶山力・大塚久雄訳、岩波書店(岩波文庫)、上巻 一九五五年、下巻 一九六二年
ヴェーバー・M「社会科学および社会政策の認識の「客観性」」出口勇蔵訳(世界の大思想第二三巻「政治・社会論集」河出書房 一九六五年所収)
ヴェーバー・M『支配の社会学I』世良晃志郎訳、創文社、一九六〇年
内田義彦『資本論の世界』岩波書店(岩波新書)、一九六六年
内田義彦『社会認識の歩み』岩波書店(岩波新書)、一九七一年
大庭健『権力とはどんな力か——続・自己組織システムの倫理学』勁草書房、一九九一年
笠井潔、加藤典洋、竹田青嗣『村上春樹をめぐる冒険〈対話篇〉』河出書房新社、一九九一年
北川隆吉編『社会学方法論』(講座現代社会学第一巻)、青木書店、一九六五年

ギデンズ・A『近代とはいかなる時代か？――モダニティの帰結』松尾精文・小幡正敏訳、而立書房、一九九三年
小林一穂編『行為と時代認識の社会学』創風社、一九九五年
渋谷昌三『人と人との快適距離――パーソナル・スペースとは何か』日本放送出版協会（NHKブックス）、一九九〇年
竹田青嗣『現象学入門』日本放送出版協会（NHKブックス）、一九八九年
竹田青嗣、西研『哲学の味わい方〈対談〉』現代書館、一九九九年
竹田青嗣、西研編『はじめての哲学史――強く深く考えるために』有斐閣、一九九八年
デュルケーム・E『自殺論』宮島喬訳、中央公論社（中公文庫）、一九八五年
中島梓『コミュニケーション不全症候群』筑摩書房、一九九一年（ちくま文庫版 一九九五年）
西研『ヘーゲル・大人のなりかた』日本放送出版協会（NHKブックス）、一九九五年
西研『哲学的思考――フッサール現象学の核心』筑摩書房、二〇〇一年
パーソンズ・T、ベールズ・R・F『家族――核家族と子どもの社会化』（新装版）橋爪・溝口・高木・武藤・山村訳 黎明書房、二〇〇一年
マルクス・K「経済学批判要綱」資本論草稿集翻訳委員会訳（マルクス資本論草稿集①『一八五七―五八年の経済学草稿』第一分冊、大月書店、一九八一年所収）
マルクス・K『資本論（第一巻）』大内兵衛・細川嘉六監訳『マルクス・エンゲルス全集』第二三a巻、大月書店、一九六五年
見田宗介『現代社会の理論――情報化・消費化社会の現在と未来』岩波書店（岩波新書）、一九九六年
見田宗介「交響圏とルール圏――社会構想の重層理論」（井上・上野・大澤・見田・吉見編『社会構想の社会学』岩波講座現代社会学第二六巻、一九九六年）
ルソー・J・J「社会契約論」井上幸治訳（世界の名著第三六巻『ルソー』中央公論社、一九七八年）
ルーマン・N『社会システム理論』佐藤勉監訳、恒星社厚生閣、上巻 一九九三年、下巻 一九九五年

菅野　仁――かんの・ひとし

●1960年宮城県仙台市生まれ。1989年東北大学大学院文学研究科社会学専攻博士課程単位取得。東北大学文学部助手などを経て、宮城教育大学教授。2016年より副学長（学務担当）。専攻は社会学（社会学思想史・コミュニケーション論）。2016年9月逝去。

●著書に『友だち幻想――人と人の〈つながり〉を考える』、『教育幻想――クールティーチャー宣言』（以上、ちくまプリマー新書）、『18分集中法――時間の質を高める』（ちくま新書）など、共著に『社会学にできること』（ちくまプリマー新書）、『ジンメル社会学を学ぶ人のために』（世界思想社）、『コミュニケーションの社会学』（有斐閣）など。

NHKブックス［968］

ジンメル・つながりの哲学

2003(平成15)年4月30日　第1刷発行
2018(平成30)年12月15日　第11刷発行

著　者　菅野　仁

発行者　森永公紀

発行所　NHK出版

東京都渋谷区宇田川町41-1　郵便番号150-8081

電話　0570-002-247(編集)　0570-000-321(注文)

ホームページ　http://www.nhk-book.co.jp

振替 00110-1-49701

［印刷］三秀舎［製本］三森製本所［装幀］倉田明典

落丁本・乱丁本はお取り替えいたします。

定価はカバーに表示してあります。

ISBN978-4-14-001968-9 C1310

NHK BOOKS

＊宗教・哲学・思想

仏像―心とかたち―　望月信成／佐和隆研／梅原　猛
続仏像―心とかたち―　望月信成／佐和隆研／梅原　猛
仏像［完全版］―心とかたち―　望月信成／佐和隆研／梅原　猛
原始仏教―その思想と生活―　中村　元
ブッダの人と思想　中村　元／田辺祥二
がんばれ仏教！―お寺ルネサンスの時代―　上田紀行
目覚めよ仏教！―ダライ・ラマとの対話―　上田紀行
ブータン仏教から見た日本仏教　今枝由郎
人類は「宗教」に勝てるか―一神教文明の終焉―　町田宗鳳
法然・愚に還る喜び―死を超えて生きる―　町田宗鳳
現象学入門　竹田青嗣
ヘーゲル・大人のなりかた　西　研
論理学入門―推論のセンスとテクニックのために―　三浦俊彦
「生きがい」とは何か―自己実現へのみち―　小林　司
自由を考える―9・11以降の現代思想―　東　浩紀／大澤真幸
東京から考える―格差・郊外・ナショナリズム―　東　浩紀／北田暁大
日本的想像力の未来―クール・ジャパノロジーの可能性―　東　浩紀編
ジンメル・つながりの哲学　菅野　仁
科学哲学の冒険―サイエンスの目的と方法をさぐる―　戸田山和久
集中講義！日本の現代思想―ポストモダンとは何だったのか―　仲正昌樹
集中講義！アメリカ現代思想―リベラリズムの冒険―　仲正昌樹
哲学ディベート―〈倫理〉を〈論理〉する―　高橋昌一郎
カント　信じるための哲学―「わたし」から「世界」を考える―　石川輝吉
ストリートの思想―転換期としての1990年代―　毛利嘉孝
「かなしみ」の哲学―日本精神史の源をさぐる―　竹内整一
道元の思想―大乗仏教の真髄を読み解く―　頼住光子
詩歌と戦争―白秋と民衆、総力戦への「道」―　中野敏男
アリストテレス　はじめての形而上学　富松保文
なぜ猫は鏡を見ないか？―音楽と心の進化誌―　伊東　乾
ほんとうの構造主義―言語・権力・主体―　出口　顯
「自由」はいかに可能か―社会構想のための哲学―　苫野一徳
弥勒の来た道　立川武蔵
イスラームの深層―「遍在する神」とは何か―　鎌田　繁
マルクス思想の核心―21世紀の社会理論のために―　鈴木　直
カント哲学の核心―『プロレゴーメナ』から読み解く―　御子柴善之

※在庫品切れの際はご容赦下さい。